KB067338

YG는
다르다

YG는 다르다

도전은 본능이다,
창조는 놀이다,
과감하게 미쳐라

| 손남원 지음 |

INFLUENTIAL
인플루엔셜

국내 3대 가요기획사? YG 엔터테인먼트에는 더 이상 어울리지 않는 수식어다. 가수와 배우, 모델을 망라하는 제작 및 매니지먼트의 연예 비즈니스를 축으로 패션, 화장품 등 온갖 영역을 아우르는 복합 엔터테인먼트 그룹이 됐기 때문이다. 기자가 YG를 본격적으로 취재하기 시작했던 2000년대 중반의 매출 규모 및 사세와는 비교가 불가능할 정도다. 동네 슈퍼마켓 수준에서 명품 백화점이나 초대형 할인점급으로 성장했다면 이해가 빠를지도 모르겠다.

오랜 기자의 촉이랄까. YG 양현석 대표 프로듀서와 전화 통화로 첫 취재를 했을 때 뭔가 느낌이 왔었다. '서태지와 아이들' 출신의 스타 CEO라는 정보만 갖고 있던 생면부지의 기자에게 한참 동안 가요계 현실과 대중음악 트렌드를 역설하는 그의 목소리는 열의에 가득

차 있었다. 지금도 그 기억이 생생하다. 빅뱅(BIGBANG)이 막 특급 아이돌로 자리를 잡았고, 지금의 인기 걸그룹 투애니원(2NE1)은 한창 데뷔를 꿈꾸며 땀 흘리던 참이었다.

기획사 대표가 소속 가수 홍보에 불철주야 직접 나서는 것도 신선했다. 불혹의 나이에 뒤늦게 영화팀장으로 연예부에 입문, 가요 쪽 취재에는 한계를 절감하던 기자에게는 양 대표와의 잦은 통화와 문자교류가 하늘에서 내려온 동아줄이었던 셈이다. 하지만 열심히 일하는 취재원을 상대하는 것은 기자로서 아주 피곤한 일임이 자명하다. 기자는 좋은 기삿거리를 주는 취재원이 고마운 거고, 취재원은 부지런히 자신과 관련된 기사를 써주는 기자가 필요한 법이니까. 밤낮없이 일하는 양 대표의 행동반경을 쫓으며 취재해 기사를 쓰는 작업은 절대 쉽지 않았다. 그는 YG의 각종 보도자료를 일일이 챙겨서 이른 새벽에 문자로 보내기 일쑤였고, 기자는 그의 긴 근무시간과 함께 장문의 자료를 핸드폰에 옮겨 담는 괴력(?)에 감탄하곤 했다.

첫 만남은 2006년 겨울, 서울 홍대 앞 삼거리 포장마차에서였다. 자신이 가장 좋아하는 메뉴라며 양 대표가 고른 것은 번데기탕이었다. 기자도 즐기는 안주라 번데기탕만 연속으로 주문해 소주 몇 병을 비웠다. 취한 기자가 이제 집으로 돌아가서 자야 할 시간. 헤어짐의 인사를 하는데 양 대표의 인사가 인상적이었다. 자기는 이제 일하러 간다며, "낯을 많이 가리는 성격이라 사람을 잘 만나지도 않지만 (낮과 밤을 거꾸로 사는 스타일이라) 저녁에 누굴 만나 술을 마시면 제게는 아침 술이라 밤에 일하기 힘들다"라고 말하는 것이었다. 덕분에 이후 10

여 년 세월이 흐르도록 얼굴을 보며 취재하는 것보다 전화로 취재한 적이 더 많았다. 그의 생활 패턴을 고려한 까닭이다.

YG에 대한 세상 사람들의 관심이 높아진 지금, YG의 성공 비결을 써달라는 출판사의 요청을 받고 무척이나 망설였다. 내가 YG에 대해 뭘 얼마나 알고 있나 하는 두려움이 앞섰기 때문이다. 그럼에도 YG 취재 10년의 결산을 해보자는 과욕으로 졸고를 만들었다. 이를 멋지게 한 권의 책으로 만들어주진 인플루엔셜의 문태진 대표와 김혜연 차장께 감사를 드린다. 또 테디와 이재욱의 인터뷰 게재를 허락해준 OSEN의 이혜린 차장에게도 이 자리를 빌려 고맙다는 뜻을 전하고 싶다. 늘 부족한 나를 감싸주고 아껴주는 아내와 쌍둥이 수오, 지오! 말로는 잘 못해주니 글로 전한다. "사랑한다!"

2015년 3월 봄에
손 남 원

Prologue

구멍가게 YG,
세계 일류 엔터테인먼트 기업으로

'양현석' 그리고 'YG 엔터테인먼트'(이하 YG)는 연예계 진출을 꿈꾸는 이들이라면 누구나 동경하는 이름이다. 오랜 전통의 SM엔터테인먼트(이하 SM)와 더불어 엎치락뒤치락 선두를 다투며 국내 엔터테인먼트 업계의 쌍벽을 이루고 있다. 시가 총액 7006억 원(2015년 2월 2일 종가 기준)으로 1063개의 코스닥 상장기업 중 30위에 올라 있는 YG는 소속 가수 싸이가 불후의 히트곡 〈강남 스타일〉로 전 세계 음악시장을 강타했던 2012년 9월 말, 시가 총액이 장중 한때 1조 원을 넘어서기도 했다. SM보다 11년이나 늦게 주식시장에 진입한 사실을 감안하면 YG의 주가 상승 속도는 놀랄 정도로 가파르다(SM의 시가 총액은 7433억원으로 26위, 2015년 2월 2일 기준). 창업 이후 늘 성장을 멈추지 않고 있는 YG의 성공은 척박한 국내 엔터테인먼트 생태계 환경을 고려

8 _____   YG는 다르다

하면 더욱 특별하다. 이 점이 연예인 지망생뿐 아니라, 모두가 YG의 성공을 주목하는 이유다. 그렇다면 YG는 어떻게 이 같은 성공 신화를 이룩할 수 있었을까.

1996년 처음 문을 연 YG 역시 여느 기업과 마찬가지로 시작은 구멍가게나 다름없었다. 창업주 양현석이 가지고 있던 것은 힙합을 향한 뜨거운 열정과 타고난 음악적 재능 정도였다. 당대의 문화 아이콘이었고 아이돌의 조상으로 불리는 '서태지와 아이들'의 주축 멤버로 활약했던 그는, 그룹 해체 이후 의욕적으로 자신의 기획사를 만들었다가 쓴잔을 들이키고 궁지에 몰렸다. 오로지 최고의 작품을 만들겠다는 의욕으로 가요계 생존 경쟁에 뛰어들었지만 양현석은 냉정한 현실 속에서 뼈아픈 교훈만 얻은 채 그 많던 재산을 순식간에 다 날리고 빚더미 위에 주저앉게 되었다.

그러한 위기의 순간, 양현석은 빠져나갈 구멍을 찾기보다는 모든 것을 걸고 정면 승부하는 길을 택했다. 인생 최고의 수난기에 그가 도움을 청했던 사업 파트너이자 조언자는 바로 동생 양민석이었다. 남의 사무실 한쪽 구석에 사무실을 낸 형제는 이때부터 환상적인 콤비로 밤낮없이 일하면서 'YG 신화'를 일구는 기적을 이뤘다. 한마디로 YG의 성공은 서태지와 아이들에서 얻은 부와 명성으로부터 비롯된 것이 아니라 양현석이 첫 사업도전을 통해 겪은 처절한 실패로 얻어진 노력의 산물인 것이다.

지난 십수 년간 YG가 일궈낸 성과를 직·간접적으로 잘 보여주는 대목은 바로 입사 경쟁이다. YG 소속 아티스트가 되기란 낙타가 바

늘구멍을 뚫는 것만큼이나 어렵다. 언제 데뷔할지 기약이 없는데도 YG 소속 연습생이 되려고 재수, 삼수, 사수를 노리는 지망생들이 지구촌에 수두룩하다는 것은 이미 잘 알려져 있다. 하지만 YG의 일원이 되기 위한 경쟁률 전쟁은 여기에 그치지 않는다. YG가 새 직원을 뽑을 때면 세계 일류 기업 부럽지 않은 수준의 치열한 입사 경쟁이 벌어지고 있다. 현재 YG에는 서울대 출신은 물론이고 미국 아이비리그의 명문대 출신 인재들로 가득하다. 이렇게 치열한 경쟁을 뚫고 YG의 일원이 되면, 이들은 서로를 가족이라고 부른다.

YG는 도전 본능과 창의력이 꿈틀대는 놀이터다. YG에게 있어 도전은 본능이고, 창조는 놀이다. 그리고 과감하게 밀어붙인다. YG의 수장인 양현석부터가 정해진 성공의 틀에 안주하는 것을 거부하고, 넘어지는 것을 두려워하지 않는다. 항상 새로운 것, 더 나은 것, 트렌드를 선도하는 것에 주목하고 그를 향해 움직인다. 그로 인해 YG는 성장해왔고, 그 안에서 YG 패밀리 또한 자유로운 감성을 가지고 각자만의 개성을 발휘하며 발전해가고 있다. 그것이 YG를 '다르게' 느끼게 하는 점이 아닐까. 이제 그 이야기 속으로 들어가보자.

YG, 그 초라하지만
야심찬 출발

초보 제작자 양현석의 홀로서기
동생 양민석, 형의 손을 잡다
초라하지만 야심찬 출발
지누션, YG의 가솔린 엔진이 되다
넘어지는 것은 두렵지 않다

1

초보 제작자
양현석의 홀로서기

> 서태지를 만나면서 음악 비즈니스에 대한 부분을 많이 배웠다. 기존 가요계 시스템과는 전혀 맞지 않는 스타일이었음에도 서태지와 아이들을 결성해서 방송계의 새로운 패러다임을 만들었다. 그런 성공 방식들을 서태지와 당시 제일 친한 친구니까 곁에서 지켜보며 터득하게 된 거다. 기존의 방식대로 가지 않고 발전된 새로운 방식으로 해야 대중에게 큰 반향을 일으킬 수 있고 나 역시 보람을 느끼겠구나 싶은 노하우들을 4~5년간 쌓아왔다. 서태지와 아이들 활동은 4년에 불과하지만 서태지를 본 건 6년이나 됐으니까. 그러면서 내가 모르던 음악 세상에 대해 많이 알게 됐다. **- 양현석**

YG 하면 흔히 양현석을 떠올린다. 그도 그럴것이 YG라는 회사의 명칭이 '양군'이라는 양현석의 별명으로부터 비롯되었기 때문이다. 서태지와 아이들 앨범을 들어보면 서태지가 "양군!"이라고 부르는 것도 들을 수 있다. 그만큼 양현석은 YG의 처음이자 모든 것이라고 할 수 있다. 하지만 현재의 YG에 이르기까지 그 과정이 평탄하지만은 않았다. 지누션 이후 최근의 위너까지 늘 승승장구하는 것만 같았던 양현석에게도 뼈아픈 고난의 시절이 있었다는 것을 기억하는 사람이 과연 얼마나 될까.

1996년 1월, 이례적으로 '9시 뉴스'에서 연예계 소식을 전했다. 당대 최고의 인기를 누리고 있던, 지금의 가요 시스템을 만드는 데 일조했던 '서태지와 아이들의 은퇴' 소식이었다. 당시의 무겁고 진지하던 밤 9시 뉴스에 연예인의 은퇴 소식이 나온다는 것은 실로 놀라운 일이었다. 그만큼 서태지와 아이들의 영향력이 어떠했는지 가늠해볼 수 있는 대목이다. 그리고 서태지와 아이들이 해체한 뒤에 양현석은 많은 이들의 생각과 달리 '가수의 길'이 아닌 '제작자의 길'을 걷기 시작했다.

"서태지를 만나면서 음악 비즈니스에 대한 부분을 많이 배웠다. 서태지가 시나위 활동을 했는데다 나름 언더스러운 마인드가 있었다. 기존 가요계 시스템과는 전혀 맞지 않는 스타일이었음에도 서태지와 아이들을 결성해서 방송계의 새로운 패러다임을 만들었다. 그런 성공 방식들을 서태지와 당시 제일 친한 친구니까 곁에서 지켜보며 터득하게 된 거다. 음악 비즈니스는 이렇게 하는 거구나 감탄을 많이 했다. 기존의 방식대로 가지 않고 발전된 새로운 방식으로 해야 대중에게 큰 반향을 일으킬 수 있고 나 역시 보람을 느끼겠구나 싶은 노하우들을 4~5년간 쌓아왔다. 서태지와 아이들 활동은 4년에 불과하지만 서태지를 본 건 6년이나 됐으니까. 거의 매일매일 봤다. 그러면서 내가 모르던 음악 세상에 대해 많이 알게 됐다."

음악뿐 아니다. 서태지와 아이들 시절 양현석은 안무와 패션 등 각종 기획에 참여하면서 프로듀서와 매니저로서의 경험도 쌓았다. 서태지와 아이들의 콘셉트와 이미지를 만들고, 팀워크를 유지하는 등 숨은 조력자로서 큰 공을 세웠다. 서태지와 아이들의 활동은 단순히 가수 활동을 넘어서서 양현석에게 새로운 세상을 열어주었다. 제작자의 길을 걷는 것이 어쩌면 당연해 보였다.

"서태지와 아이들 활동을 끝내기로 마음먹은 후부터 제작자의 길을 꿈꿨다. 배운 게 도둑질뿐이라고, 나는 다른 분야에 대해선 문외한이었고 내가 가장 잘할 수 있는 분야는 이쪽이었다. 때문에 후배들을 양성해보고 싶은 마음이 생긴 거다. 춤을 했고, 그러면서 연예계와 방송계에서 수많은 관계자들을 알게 됐고, 음악에 대한 깊은 조예도 생겼다. 후배 가수들을 잘 이끌 수 있으리라는 생각에 제작자의 길을 걷기로 마음먹었다."

그렇게 해서 양현석은 현기획을 설립했다. 당시 현기획은 춤에 관심이 좀 있다 하는 사람들이 모두 가고 싶어 하던 곳이었다고 한다. 양현석은 재능 있는 후배들을 모아 '킵식스(Keep Six)'라는 힙합 그룹을 기획하고 1996년 5월에 〈나를 용서해〉라는 노래로 데뷔시켰다. 이름과 달리 킵식스는 세 명으로 구성되었는데 한 명이 두 명 몫은 거뜬히 해낼 수 있다는 뜻에서 그렇게 지었다고 한다.

"아무래도 춤을 췄다 보니까 두 명은 춤추는 후배 동생들이었다. 한 명은 캐나다에서 왔던 교포였는데 알앤비(R&B)가 한국에 착륙한 지 얼마 안 됐을 무렵이다. 뭐 솔리드 정도밖에 없었을 때 그 친구가 그런 창법을 지니고 있어서 흑인음악을 한번 해보고 싶다는 전제로 앨범을 오랜 시간 준비했었다."

하지만 그동안 벌었던 돈을 모두 쏟아 부으며 오랜 시간 정성껏 준비한 것이 무색하게 킵식스의 데뷔 성적은 좋지 않았다. 초기에는 '양현석이 만든 그룹'이라는 것 때문에 스포트라이트를 받았지만, 점차 대중의 관심에서 멀어져 갔다. 매우 잘나갔던 양현석이 처음 도전한 사업에서 참패를 하고 만 것이다. 너무나 뼈아픈 실패를 맛본 양현석은 명예와 돈, 대중의 신뢰를 모두 잃었다.

비슷한 시기, 서태지와 아이들에서 같이 활동했던 이주노 역시 제작자로 변신해 '영턱스 클럽'이라는 혼성 그룹을 결성해서 〈정〉이란 노래로 데뷔시켰고 소위 말하는 대박이 터졌다. 아이러니하게도 처음 영턱스 클럽의 노래를 들어본 양현석이 "형, 이건 아닌 것 같다. 차라리 신철 형한테 부탁해서 좋은 노래 받아라"라고 의견을 말했고, 그 후에 영턱스 클럽이 〈정〉이란 노래를 받게 되었다고 한다. 이러한 속사정을 모르는 사람들은 이들의 엇갈린 희비쌍곡선에 왈가왈부하기 바빴지만.

"나는 서태지와 아이들 때의 버릇이 있어서, 뭔가 이름을 걸고 하는 건데 조금 더 음악성이 있어야 하지 않을까 싶은 생각에 조금 더 알앤비 쪽으로 빠졌던 것이다. 그래서 사실 보면 음악이 조금 어려웠다, (선 보인 시점이) 빨랐다와 같은 평가가 뒤늦게 있었다. 나는 잘 안됐지만 이주노 씨가 잘돼서 매우 좋다는 얘기를 주변 사람들에게 다 하고 다녔고 진심이었다."

하지만 결과적으로 이때의 실패는 현재 YG를 이루는 데 큰 밑거름이 되었다. 양현석이 '나 홀로 사업'을 접고 믿을 수 있는 파트너를 영입하면서 보다 튼튼하게 회사를 운영하고, 자신의 음악 기호를 100퍼센트 반영하기보다는 대중과의 교감에도 신경 쓰기 시작했기 때문이다.

2
동생 양민석,
형의 손을 잡다

말 그대로 제가 그냥 형 곁에 같이 있어달라는 거였어요. 3일 동안 고민하고 결국 수락했습니다. 그래서 세 명뿐인 기획사가 출발한 거죠. 현석 형과 저, 그리고 서태지와 아이들 시절부터 현석 형을 맡아준 매니저까지 해서 단 세 명이었어요. 당장 사무실과 스튜디오 구할 자금도 없었는데, 현석 형이 잘 알고 지내던 기획사 사장님이 60평짜리 빌딩 지하 자기네 사무실 한쪽에 8평 정도 되는 조그마한 공간을 떼어서 빌려주셨어요. 셋집에 들어가 그 안에서 또 더부살이로 시작한 거죠. **- 양민석**

YG의 창업과 성공에 있어서 양현석 회장만큼이나 양민석 대표를 빼놓을 수가 없다. 하지만 양민석 대표의 역할과 공헌은 세간에 거의 알려진 바가 없다. 대표 프로듀서이자 회장인 형 양현석을 YG의 얼굴로 전면에 내세우고, 자신은 형을 뒤에서 물심양면으로 지원하며 음지에서 일하는 스타일이기 때문이다. 두 형제의 이러한 완벽한 협력이 없었다면 오늘의 YG는 존재하지 않았을지도 모른다. YG가 세계적인 엔터테인먼트 기업으로 성장한 지금도 양민석 대표는 외부에 거의 자신을 드러내지 않은 채 경영관리에만 집중하고 있다. YG의 태동부터 현재에 이르기까지 지대한 역할을 했지만 그가 처음부터 엔터테인먼트계에 꿈이 있었던 것은 아니었다.

1996년 겨울, 어학연수를 계획하고 떠날 날이 다가와 짐까지 다 꾸린 양민석의 방으로 형 양현석이 찾아와 물었다.

"진짜 미국에 갈 거냐?"
"당연히 가야지."
"그냥 안 가면 안 되냐? 나랑 같이 있어줄 수 없겠어?"
"내가 뭘? 왜?"
"그냥 같이 있어주면 좋을 것 같아서……."

양민석은 그 자리에서 거절했다. '형이 하는 일에는 전혀 관심도 없고 내 쪽 일이 아닌 것 같으니 계획대로 갈 것이다'라는 속마음을 드러낸 것이었다. 사실 형인 양현석의 어려운 상황은 이미 감지하고 있던 터였다. 1996년 1월, 형이 소속되어 있던 당시 최고의 인기 그룹 서태지와 아이들이 해체했다. 그리고 그해 5월, 양현석은 제작자로 변신해 킵식스를 데뷔시켰다. 하지만 킵식스는 '양현석이 키운 그룹'이라는 타이틀과 세간의 관심에 걸맞지 않게 실제 성적은 형편없었다. 결국 양현석의 사정은 어려워졌다.

"그해 겨울, 어느 날 오전 일찍 누가 집 초인종을 누르더라고요. 당시 대형 음반사의 상무인가, 전무인가 하는 분이 찾아온 거예요. 연예

계에서 마이낑이라고 부르는, 선급금 변제를 요구하기 위해서 새벽같이 집으로 들이닥친 거죠. 그때 비로소 형이 위기에 봉착했다는 걸 확실히 알았어요."

그럼에도 그 자리에서 거절할 수밖에 없었던 것은, 양민석의 어학연수는 형의 그늘에서 벗어나 자신의 정체성을 찾기 위한 돌파구였기 때문이다.

"제가 92학번인데, 서태지와 아이들이 그해, 그러니까 1992년에 데뷔를 했어요. 당시의 여러 상황들이 무척 혼란스럽게 느껴졌어요. 인사동 쪽 12평 정도 크기의 작은 집에서 살고 있었는데, 부모님이 전파사를 하시면서 생계를 꾸려나가던 때라 집안 형편이 넉넉지는 않았거든요. 그런데 갑자기 살고 있는 좁은 동네에 수많은 소녀 팬들이 몰려들어서 북새통을 이루는 거예요."

이제 갓 대학생이 된 양민석에게 그런 상황은 달갑지 않았다. 몸과 마음이 모두 혼란스러웠다.

"자아가 없어졌던 거죠. 양민석이란 존재는 어디론가 사라지고 어느 순간 양현석 동생으로만 살게 된 거예요. 제 나이 스무 살, 갑자기 작은형이 엄청난 스타가 된 거예요. 별다른 감흥은 없었는데 주변 상황이 감당이 안 되더라고요. '너희 작은형이 서태지와 아이들이라며?', '쟤가 양현석 동생이래' 하는 등의 무언의 눈빛들이 부담스러웠어요. 마치 제2의 사춘기를 겪은 셈이죠. 자라면서 연예계에 관심을 가진 적도 없었고, 서태지와 아이들의 움직임이나 음악에도 큰 관심이 없었으니까요."

형의 부탁을 거절한 양민석의 마음도 편하지 않았다. 부모님의 말 없는 눈빛이 '형이 저렇게 도와달라는데 뿌리치다니, 매정한 녀석 같으니라고' 하며 비난하는 것처럼 느껴지기도 했다. 당시 양현석은 킵식스의 실패로 인해 진심으로 자신을 도와줄 만한 사람이 옆에 있었으면 했다.

"말 그대로 제가 그냥 형 곁에 같이 있어달라는 거였어요. 3일 동안 고민하고 결국 수락했습니다. 그래서 세 명뿐인 기획사가 출발한 거죠. 현석 형과 저, 그리고 서태지와 아이들 시절부터 현석 형을 맡아 준 매니저까지 해서 단 세 명이었어요. 당장 사무실과 스튜디오 구할 자금도 없었는데, 현석 형이 잘 알고 지내던 기획사 사장님이 60평짜리 빌딩 지하 자기네 사무실 한쪽에 8평 정도 되는 조그마한 공간을 떼어서 빌려주셨어요. 셋집에 들어가 그 안에서 또 더부살이로 시작한 거죠."

그렇다면 왜 양현석은 양민석에게 곁에만 있어 달라고 한 것일까.

"경영관리는 처음부터 제가 맡아서 온 힘을 다 기울인 부분이에요. 현석 형이 킵식스 때 실패한 요인 가운데 하나가 회사 내부 살림에 대한 이해가 전혀 없었기 때문이라는 반성부터 했기 때문이죠. 그래서 경영과 재무 쪽을 신경 써줄 사람으로 저를 지목하지 않았을까요. 어찌됐건 제 판단은 그렇습니다."

3
초라하지만
야심찬 출발

회사 경영에 대한 개념은 저부터 없었어요. 아무도 몰랐다고 하는 게 맞겠군요. 사실 대학을 갓 졸업하고 어학연수 준비 중이던 청년이 뭘 알겠어요? 그때까지 사회생활을 한 번도 경험해보지 못했는데요. 지금 되새겨보면 준비가 전혀 안 됐던 겁니다. 말이 안 되는 게 현석 형이 처음 제게 와서 같이하자고 했을 때 뭘 하면 되겠느냐고 물었더니 그냥 곁에만 있어달라고 부탁한 거예요. 고심 끝에 형 일을 돕자고 결심한 뒤 먼저 챙겨야 할 게 뭔가 봤더니 회사 운영을 떠나서 당장 현금이 거의 없었어요. **- 양민석**

형 양현석과 동생 양민석은 그렇게 의기투합해 조그마한 지하 사무실에서 새로이 출발했다. 회사 이름도 다시 지어야 했다. 과거의 실패를 딛고 새롭게 시작하는 참인데 기존의 '현기획'이란 이름을 그대로 사용할 수는 없었다. 세 사람은 머리를 맞대고 그럴듯한 이름을 찾기 시작했다. 하지만 마땅한 이름이 떠오르지 않았다. 마침내 양현석이 입을 열었다.

"MF으로 가면 어떨까? 멋있지 않냐?"

그렇게 새로운 기획사는 MF기획이 되었다. 그런데 왜 하필 MF기획이었을까. 숨은 이야기가 있다. 양민석 대표의 말을 빌려보자.

"처음부터 회사 이름을 YG로 정한 건 아니었어요. 현석 형이 MF란 회사 이름을 쓰자고 했어요. 왜 그러냐고 했더니 션이 의류 브랜드를 디자인했는데, 그 이름이 MF라고요. 그 이름을 쓰면 어떨까 묻더군요. 멋있지 않냐고요. 그래서 MF기획이라고 한 겁니다."

사실 양현석 대표는 킵식스를 준비하면서 남성 힙합 듀오도 준비하고 있었는데, 바로 '지누션(Jinusean)'이었다. 당시 지누션의 멤버 중 하나였던 션은 MF라는 의류 브랜드를 운영하고 있었다. 'MF'란 '대중적 취향'이라는 뜻의 영어단어 'Major Flavor'를 흑인 특유의 발음으로 읽은 'Majah Flavah'의 앞 글자 'M'과 'F'를 따라서 만든 말로, 그때 당시에는 다소 생소한 힙합 패션을 주로 선보이는 의류 브랜드였다. MF는 90년대 중반 이후 붐처럼 시작된 외국 배낭여행과 해외 어학연수 등을 통해 미국의 흑인문화나 힙합 뮤지션들의 패션을 접한 젊은 대학생들을 중심으로 입소문을 타고 퍼져나가 제법 유행을 하고 있었다. 이렇게 MF기획이라고 이름 짓고, 1997년 2월에 마포세무서에 가서 사업자 등록을 냈다. YG의 시작이었다.

대표였던 양현석을 포함해 전 직원이 세 명뿐인 영세 기획사였지만, 그들은 나름대로 회사 운영의 기본을 만들었다. 제작을 포함한 외부 활동은 형 양현석이, 돈 관리를 포함한 살림살이 전반은 동생 양민석이 맡는 구조였다. 하지만 아무리 이제 갓 시작하는 자그마한 기획사 살림살이라고 해도 대학에서 막 경영학을 배우고 졸업한 20대 중반

YG는 다르다

의 청년이었던 양민석이 도맡아 하기에는 버거웠다.

"회사 경영에 대한 개념은 저부터 없었어요. 아무도 몰랐다고 하는 게 맞겠군요. 사실 대학을 갓 졸업하고 어학연수 준비 중이던 청년이 뭘 알겠어요? 그때까지 사회생활을 한 번도 경험해보지 못했는데요. 지금 되새겨보면 준비가 전혀 안 됐던 겁니다. 말이 안 되는 게 현석 형이 처음 제게 와서 같이하자고 했을 때 뭘 하면 되겠느냐고 물었더니 그냥 곁에만 있어달라고 부탁한 거예요. 고심 끝에 형 일을 돕자고 결심한 뒤 먼저 챙겨야 할 게 뭔가 봤더니 회사 운영을 떠나서 당장 현금이 거의 없었어요."

양민석은 작은 것부터 신경 쓰며 하나하나 배운다는 심정으로 조심스레 회사를 챙기기 시작했다. 당시 양현석, 양민석 형제의 부모님은 전파사를 접고 불교용품점을 운영하고 계셨는데, 그곳에서 팔던 승복 재질의 자그마한 손지갑을 회사 금고 겸 전대로 사용했다. 어머니가 선물로 주신 것이었다. 그 지갑에 관리하던 돈 전부를, 동전까지 다 추려서 집어넣었다.

"그래도 대학에서 경영을 전공한 덕분에 기초 회계의 상식으로 차변[1], 대변[2]부터 따져봤어요. 어느 날 퇴근해서 정산해보니 잔액이 300원 부족하더라고요. 그때 주저하지 않고 제 주머니에 있던 동전 300

---

1 부기(簿記)에서 계정계좌의 왼쪽. 자산의 증가, 부채 또는 자본의 감소나 손실의 발생 따위를 기입하는 부분이다.
2 복식 부기의 분개법(分介法)에서, 장부상의 계정계좌의 오른쪽 부분. 자산의 감소, 부채나 자본의 증가, 이익의 발생 따위를 기입한다.

YG Story 1 • YG, 그 초라하지만 야심찬 출발

원을 그 지갑에 넣었어요. 그 기억이 아직도 생생합니다. 당시 제 명함도 경리과장으로 되어 있었어요. '경리'란 의미를 사전에서 찾아봤더니 '경영관리'의 약자더라고요. 명함을 만들고 생각했죠. 이제부터 내가 하는 일이 이 회사의 경영관리구나. 이제부터 나는 경영관리와 지원을 맡아서 하면 되겠구나. 다만 들어오는 돈은 없이 지출만 늘어나니 이를 어떻게 감당해야 할지, 그것이 가장 어려운 숙제였어요."

양민석은 본격적인 경영관리에 들어갔다. 먼저 회사의 빚이 얼마인가, 현금 자산은 얼마인가를 파악하고 회사를 꾸려나가기 시작했다. 하지만 대학에서 배웠던 지식과 일반 기업에서의 경영관리에는 엄청난 차이가 있었다. 학교에서 배웠던 것과는 많이 달랐다. 계약서, 세금, 부가가치세, 근로소득자 원천징수 신고 등 알 듯 모를 듯 생소한 단어들과 매일 맞서야 했다. 아무것도 모르는 상태에서는 누구에게도 도움을 청할 수 없다는 것을 깨달은 그는 광화문에 있는 서점으로 달려가 관련 서적부터 한 보따리 사서 공부하기 시작했다.

"독학으로 시작한 거죠. 쉬운 책들로 혼자 공부하다가 모르는 게 생기면 회사 담당 세무사 사무실로 찾아가서 이것저것 닥치는 대로 질문을 해서 깨우치곤 했어요. 회사 영수증을 다 모아서 한 달에 한 번씩 엑셀로 정리하고는, 그걸 또 날짜별로 빈 노트에 영수증을 붙여서 세무사 사무실을 방문할 때 개인교습을 청한 거죠. 그 당시 세무사 사무실 담당 여직원이 지금 제 옆방에서 15년째 근무하는 YG 경영지원 본부 이사입니다."

그렇게 하나하나 몸으로 부딪혀가면서 양민석은 회사 경영관리에

YG는 다르다

온 힘을 기울였다. 이후에도 회사를 꾸려나가면서 전문지식이 필요할 때면 관련 전문가를 영입하거나 자문역을 청하는 등 기민하게 움직였다. 덕분에 양현석은 제작 및 프로듀싱에 전념할 수 있었다. 양현석이 무조건 곁에 있어달라고 말한 데에는 다 이유가 있었던 것이다. 형은 제작과 프로듀싱, 동생은 경영관리를 전담하며 MF기획은 서서히 기획사로서의 면모를 갖춰나가기 시작했다. 여전히 회사의 앞날은 불확실했지만 차근차근 준비하며 미래를 향한 발걸음을 한 발 한 발 내딛고 있었던 것이다.

4

지누션,
YG의 가솔린 엔진이 되다

나는 한 가지 건을 가지고 100퍼센트 올인하지 않고 차선책을 준비해두는 버릇이 있다. 킵식스를 할 때에 이미 지누션을 제작하고 있었다. 지누션을 미국에서 발탁해서 듀스의 이현도와 같이 프로듀싱 준비를 하던 중에 킵식스가 먼저 나온 것뿐이다. 이상하게도 지누션에 대한 확신이 킵식스보다 강했다는 생각이 든다. 킵식스는 테스트 마켓에서 한번 언더그라운드스럽게 시도를 해본 것이고, 메인 마켓에 대한 도전은 지누션으로 승부했다. 킵식스로 시작했지만 현재 YG의 출발점은 지누션이라고 본다. **- 양현석**

　1997년은 아마 30대 이상 되는 사람이라면 평생 잊지 못할 해일 것이다. 연말 제15대 대통령 선거를 앞두고 전국이 선거 열기로 슬슬 달아오를 무렵, '아시아 경제 위기'라는 소식들이 해외 단신으로 신문 지면에 등장하기 시작하더니 이내 지면 크기를 키워 경제면으로 옮겨왔고, 얼마 지나지 않아 신문 1면을 가득 채우기 시작했다. 그리고 그해 늦가을, 대한민국은 국가 부도 사태를 피하기 위해 건국 이래 최초로 국제통화기금(IMF)의 긴급 구제금융을 신청하는, 일명 'IMF 사태'를 맞이하게 되었다.

YG 역시 1997년은 잊으려야 잊을 수 없는 한 해가 되었다. 물론 YG 에게는 다른 의미로 말이다.

'킵식스'의 실패 후유증을 겨우 극복하고 다시 몸을 추슬러 MF기 획이라는 이름으로 시작한 그들에게는 다행히도 '빚'과 '세 명의 직원' 외에도 비빌 만한 언덕이 하나 더 있었다. 바로 '지누션'이었다. 양민석 대표의 말을 들어보자.

"현석 형이 제작에 들어간 게 오늘의 YG 시발점이라고 할 수 있는 지누션이었어요. 제작비를 구할 다른 방도가 없어서 선급금을 받았 고요. 다행히 현석 형이 지누션의 틀을 벌써 잡아두었더라고요. 서태 지와 아이들 백댄서로 활약했던 션은 이전부터 저희 집에서 같이 살 았어요. 연예계와 형의 활동에는 완전히 관심 끊고 살았던 저도 션이 착한 댄서라는 것은 알고 있었습니다. 지누와 함께 두 사람이 뮤직비 디오까지 찍어놨더라고요. 우리가 갖고 있던 자산이라고는 지누션의 뮤직비디오와 마스터CD, 그리고 세 사람. 이게 전부였습니다."

사실 킵식스가 망하긴 했지만 빚은 양현석이 거의 다 없애놓은 상 태였다. 하지만 본격적으로 지누션 제작에 들어갈 때에는 어렵게 시 작했기 때문에 새로이 선급금을 받았다. 참고로 선급금이란 음반 판 매대금을 미리 당겨 받는 것을 뜻한다. 당시의 업계 관행은 기획사가 새로운 가수나 그룹을 발굴하여 준비하면 음반 제작과 발매에 필요 한 자금을 음반사가 지원했는데, 이 자금의 성격이 위험부담을 나눠 갖는 투자금이 아니라, 음반사가 나중에 기획사에게 지불해야 할 음

반 판매대금을 미리 당겨 주는 개념이었다. 즉 음반사가 기획사에 1억을 선급금으로 줘서 음반을 발매했는데, 이 음반 판매수익이 1억에 못 미치면 기획사가 그 차액을 지불해야 하고, 만일 지불하지 못하면 그대로 빚이 되고 마는 구조였다. 업계 용어로는 '마이낑'이라고 했는데, 일본어로 '미리, 앞서'라는 뜻의 '마에(前, まえ)'와 '돈'이라는 뜻의 '낑(金, きん)'이 합쳐진 단어였다.

지금까지도 음반 프로듀싱에 있어서는 최고만을 고집하는 양현석은 이때도 그 선급금을 모조리 지누션의 뮤직비디오와 마스터CD를 제작하는 데 써버렸다. 양민석이 합류하기 전에 벌어진 일이었다. 이후에 그 사실을 안 양민석은 내심 걱정하는 마음이 들었다. 형이 같이 하자고 제안한 것은 집안에 위기가 왔기 때문이 아니었을까 생각했기 때문이다. 하지만 이런 동생의 마음과 달리 형 양현석은 자신 있었다.

"나는 한 가지 건을 가지고 100퍼센트 올인하지 않고 차선책을 준비해두는 버릇이 있다. 킵식스를 할 때에 이미 지누션을 제작하고 있었다. 지누션을 미국에서 발탁해서 듀스(DEUX)의 이현도와 같이 프로듀싱 준비를 하던 중에 킵식스가 먼저 나온 것뿐이다. 이상하게도 지누션에 대한 확신이 킵식스보다 강했다는 생각이 든다. 킵식스의 결과와 상관없이 지누션이 망하면 우리 가족이 풍비박산 날 수 있을 거라고 양민석 대표가 생각할 수도 있었겠다. 물질적으로나 외향적으로만 본다면 있는 돈 다 까먹었으니까."

보컬과 랩을 맡은 지누(Jinu)와 랩과 안무를 맡은 션(Sean)으로 구성된 2인조 듀오 지누션은, 데뷔는 1997년에 했지만 이미 업계 내에서는 실력파로 정평이 나 있었다. 지누는 '김진우'라는 본명으로 이미 1994년에 솔로 앨범을 내고 활동한 적이 있었고, 션은 '현진영과 와와', '서태지와 아이들' 등 당대 최고 가수들의 백댄서로 활동했던 소문난 춤꾼이었다. 무엇보다 이들은 단순히 오디션이나 현장 픽업 등을 거쳐 단기간에 앨범을 준비하여 선보인 일반적인 기획사 가수들이 아니라, 양현석이 사업적으로 어려움을 겪으며 절치부심할 때 그의 곁을 지키며 묵묵히 힘이 되어주었던 가족 같은 존재이기도 했다.

당대 최고 가수들의 백댄서로 활동하고 피처링 등에 참여하며 실력을 쌓아온 지누션의 두 멤버는 실력으로 치자면 나무랄 데가 없었다. 거기에 킵식스의 실패를 겪으며 한 단계 발전한 기획자 양현석의 내공이 더해져 기존의 음악과는 확연히 다른, 듣는 이를 확 끌어당기는 매력 있는 앨범이 만들어졌다. 이들의 첫 앨범은 신인 듀오의 앨범이라는 것이 믿기지 않을 정도로 퀄리티가 높았다. 소속 멤버인 지누와 션뿐 아니라, 멤버들 혹은 양현석의 음악적 욕심이나 친분으로 참여한 화려한 실력자들의 피처링까지 더해져서 높은 완성도를 자랑했다. 특히 당시 최고의 프로듀서로 인정받던 이현도가 참여하면서 지누션은 그 시작부터 화제가 되었다.

1997년 3월 1일, 지누션의 정식 1집 앨범이 발매되었다. 타이틀 곡은 양현석이 작사·작곡·편곡한 〈가솔린〉. 선글라스나 고글을 머리 위로 올려 쓰고 위아래 헐렁한 추리닝이나 티셔츠와 힙합 바지를 입고 다소 무겁고 음울하게 시작되는 랩을 하는 두 사람의 모습은 어떻게 보면 생소하기도 했다. 하지만 험악한 도입부에 비해 애정이 담겨 있고 밝기까지 한 후렴구는 또 반전이었다. 게다가 프로듀서로 참여한 이현도가 뮤직비디오까지 출연해 힘을 보탰다. 그런 매력 때문일까, 마치 노래 제목을 따라가기라도 하듯 〈가솔린〉은 맹렬한 기세로 타오르기 시작했다.

당시 '길보드'(길거리 노점 판매상과 빌보드차트의 합성어)라고 불리던 카세트테이프 노점 리어카에서는 〈가솔린〉이 끊임없이 흘러나왔고, 사람들은 친구들과 서로 손가락질을 주고받으며 "넌 겁 없던 녀석이었어!"라며 장난을 치기 시작했다. TV 코미디 프로그램에서는 건달 역할을 하는 개그맨이 등장할 때면 〈가솔린〉 전주 부분에 나오는 베이스음이 자주 쓰였다. 가요 순위 프로그램의 상위 차트에 올랐음은 말할 것도 없다.

그렇게 양현석의 확신대로 지누션과 〈가솔린〉은 성공을 거뒀고, 지금 지누션은 한국 가요계에서 힙합 1세대로 평가받고 있다. 그렇다면 지누션의 성공 비결은 과연 무엇일까? 양현석 회장은 이렇게 말한다.

"그 당시에 유명했던 친구들이 조성모, 김건모 등이다. 발라드 가수가 강세였는데, 내가 그런 음악을 싫어했던 게 아니라 그런 음악에 대한 전문지식이나 이해심이 부족했던 것 같다. 근데 지누션하고 이현도라는 친구를 만나면서 나의 본 모습, 내가 좋아하는 음악을 찾아냈다."

자신이 좋아하는 힙합이란 장르에 중점을 두고 대중과 소통하려고 한 것이 먹혀든 것이다. 이는 뮤지션들을 데리고 연예기획사를 키우고자 하는 양현석의 의중과도 맞물려 있었다.

양현석의 확신대로 지누션과 〈가솔린〉은 성공을 거뒀고,
지금 지누션은 한국 가요계에서 힙합 1세대로 평가받고 있다.
그 성공 비결은 무엇일까? 자신이 좋아하는 힙합이란
장르에 중점을 두고 대중과 소통하려고 한 것이 먹혀든 것이다.
이는 뮤지션들을 데리고 연예기획사를 키우고자 하는
양현석의 의중과도 맞물려 있었다.

그렇게 지누션은 〈가솔린〉이란 노래로 이름을 알리고 난 다음, 또 신선한 후속곡을 선보였다. 섹시함과 귀여움을 넘나들며 연기와 노래 두 마리 토끼를 모두 다 잡은 한국의 마돈나 엄정화가 피처링한 〈말 해줘〉였다. 남녀 사이의 밀고 당기기를 경쾌하게 표현한 이 곡은 함께 곡을 부른 가수들의 매력과 잘 맞아 떨어지며 대히트를 쳤다. 연말 송년 프로그램에서는 지누션과 엄정화 분장을 하고 함께 〈말해줘〉를 공연하는 연예인들도 심심치 않게 볼 수 있었다. 〈말해줘〉는 그때도 지금도 노래방에서 자주 울려 퍼지는 노래 중 하나로 지누션의 대표곡으로 손꼽힌다.

그해 지누션은 〈가솔린〉과 〈말해줘〉의 성공에 힘입어 'MBC 10대 가수상', 'SBS 올해의 가수상', 'KBS 올해의 가수상' 등 지상파 방송 3사의 가수상을 모두 받았으며, 이에 그치지 않고 '1997년 서울가요제 올해의 가수상', '서울가요대상 10대 가수상', '대한민국 영상음반대상 신인 가수상' 등 데뷔한 가수가 그해에 받을 수 있는 상이란 상은 모두 휩쓰는 기염을 토했다. 덕분에 양현석과 MF기획은 이전의 뼈아픈 실패의 기억을 털어버리고 명실상부 한국 엔터테인먼트계의 무서운 아이들로 급부상할 수 있었다.

5

넘어지는 것은
두렵지 않다

> 나는 킵식스의 앨범을 지금도 좋은 앨범이라고 생각한다. 그저 대
> 중이 받아들이지 못했던 것뿐이다. 그래서 실패에 대해서 괴로워한 적은 한
> 번도 없다. 그때가 내 인생의 큰 위기였다고 생각하지도 않는다. 곧바로 지누
> 션이라는 팀을 제작했고, 1년 만에 지누션이 굉장히 히트를 쳤으니까. 그래서
> 어려웠던 시절을 꼽으라고 하면 '킵식스가 안됐을 때'라는 식의 답변은 나한
> 테서 나올 수 있는 이야기는 아닌 것 같다. **- 양현석**

현재의 양현석을 떠올려보면 사람들은 아마 두 가지 모습을 우선적
으로 떠올릴 것이다. '서태지와 아이들의 멤버', 그리고 YG라는 거대
엔터테인먼트 기업의 '회장'. 그러면서 '한 번도 실패를 경험한 적이 없
는 행운아', '어려움을 겪어보지 않은 사업가'로 인식할지도 모른다. 하
지만 그런 그도 실패의 시기가 있었다.

처음 제작자로 변신했을 때, 양현석은 콘텐츠의 질을 높이는 데 모
든 걸 쏟아 부었다. 가진 것을 모두 쏟아 부어서 최고로 제작했다. 하

지만 그에 대한 보상은 없었다. 그가 마주한 것은 차가운 대중의 반응과 바닥난 통장이었다.

"사실 그 당시에 재산은 별로 없었다. 서태지와 아이들로 번 돈으로 지금도 갖고 있는 연희동 집, 부모님과 살던 집을 샀다. 그것 말고는 수중에 돈이 없었다. 좋은 음악을 만들어보겠다고 다 쏟아 부었지만 순식간에 사라져버렸다."

그렇지만 양현석은 이때의 실패를 '위기'라고 여기지는 않았다.

"나는 킵식스의 앨범을 지금도 좋은 앨범이라고 생각한다. 그저 대중이 받아들이지 못했던 것뿐이다. 그래서 실패에 대해서 괴로워한 적은 한 번도 없다. 그때가 내 인생의 큰 위기였다고 생각하지도 않는다. 곧바로 지누션이라는 팀을 제작했고, 1년 만에 지누션이 굉장히 히트를 쳤으니까. 그래서 어려웠던 시절을 꼽으라고 하면 '킵식스가 안됐을 때'라는 식의 답변은 나한테서 나올 수 있는 이야기는 아닌 것 같다."

양현석은 냉정하게 자신의 실패를 분석했다.

"너무 내 기준으로 제작해서 그랬던 것 같다. 경험이 없다 보니까. 사실 세상을 살면서 모든 일에 경험이 제일 중요하다고 생각한다. 근데 그 당시에는 제작에 대한 경험이 적었기 때문에 너무 나의 사이드에서만 완성도를 높이려고 하고 대중과의 타협에 덜 신경 썼다는 생각이 든다. 대중성을 제대로 읽지 못했다."

그렇기에 양현석은 한 번의 실패로 주저앉지 않고 다시 한 번 모든 걸 쏟아 붓는 도전을 할 수 있었는지 모른다. 그리고 두 번째 도전은 보기 좋게 성공했다. 아마도 도전하는 자만이 누릴 수 있는 결과일 것이다.

"지금 되새기면 자랑 삼아 이야기하지만, 아무리 타율이 좋은 타자라고 할지라도 매번 홈런과 안타를 칠 수는 없는 노릇이다. 유일하게 안됐던 그룹이 킵식스, 지금 내 와이프가 소속됐던 스위티였다. 다행인 건 아주 초반기에 그런 일이 있었기 때문에 나를 바로잡는 일이 되지 않았나 싶다."

그러면서 양현석은 현재 YG의 출발을 이 두 번째 도전이 성공한 시기, 즉 지누션 때로 보고 있다.

"킵식스는 테스트 마켓에서 한번 언더그라운드스럽게 시도를 해본 것이고, 메인 마켓에 대한 도전은 지누션으로 승부했다. 킵식스로 시작했지만 현재 YG의 출발점은 지누션이라고 본다."

하지만 동생인 양민석의 생각은 다르다.

"YG 안에서도 의견이 조금씩 다르지만, 저는 YG의 실질적인 시작은 킵식스라고 주장하는 쪽입니다. YG의 전신을 말하자면 정확히는 1997년도의 MF기획이 맞는 것 같아요. 그 전에 현기획이 있었지만 킵식스의 실패와 함께 사업을 정리했으니까요. 하지만 지금 성공한 회사를 이루는 데 가장 밑거름 역할을 했던 것은 현기획이 아니었나 하는 게 제 생각입니다. 그때 너무 잘나갔던 현석 형이 '나 홀로 사업'에서 처음으로 참패의 쓴잔을 마신 게 오늘날 YG의 초석이 되었으니까요. 서태지와 아이들의 오랜 동료였던 이주노 형은 크게 성공하고 자신은 실패한 것이 현석 형이 온 정성을 다 바쳐 기획사를 키우는 계기가 되었던 거죠. 현석 형은 어려서부터 절대 질 수 없다는 오기가 발동하면 초인적인 힘을 발휘했어요. 제가 현기획을 YG의 뿌리라고 주장하는 근거가 여기에 있습니다."

 YG의 출발에 대한 형제의 생각이 같던 다르던, 그게 중요한 문제는 아닐 것이다. 다만 형 양현석이든 동생 양민석이든 첫 도전의 실패가 결과적으로 더 좋은 결과를 불러왔다는 것에 공통적으로 주목한다. 한 번의 실수는 병가지상사라고 했던가. 하지만 많은 사람이 그 한 번의 실수에 연연해 자신을 잃고, 열정을 잃고, 도전할 의지를 잃는다. 양현석은 그렇지 않았다. 오히려 더 자신을 가지고 열정을 불태웠다. 양민석은 그런 형을 보며 뒤에서 물심양면으로 지원했다. 형이 제작과 프로듀싱을 하는 데 어려움이 없도록. 그렇기에 오늘의 YG가 있는 것이다.

 "대부분 사람들은 사업 중간에 실패를 경험합니다. 저희는 다시 일어서는 게 시작이었으니까 또 넘어지는 걸 걱정하지 않았어요. 아니 상대적으로 덜했다는 표현이 맞겠군요. 그럼에도 돌이켜보면 어려움이 많았고 그로 인한 새로운 기회도 많았다고 생각됩니다."

 지누션을 성공시킨 MF기획은 이듬해인 1998년 2월, 회사를 법인으로 전환하면서 (주)양군기획이라는 새로운 이름으로 변경했다. 이후 한 번 더 (주)양군엔터테인먼트로 법인명을 변경했다가 2001년 5월에 최종적으로 현재의 (주)YG엔터테인먼트로 법인명을 변경했다.

 물론 지누션이 성공했다고 해서 바로 회사 사정이 나아지고 그들 앞에 탄탄대로가 기다리고 있는 것은 아니었다. 여전히 회사의 재정은 나아지지 않았다. 양민석은 의아했다. 지누션이 이토록 잘되고 있는데 왜 돈은 안 들어올까? 그것이 소위 선급금 때문이라는 것을 그는 뒤늦게야 알게 되었다.

"지누션이 잘돼서 여기저기 출연을 하기 시작했을 무렵, 제게 닥친 과제는 '돈이 언제 들어오지? 왜 안 들어오는 거지?'였어요. 그게 저희가 선급금이라는 빚을 안고 있었기 때문이라는 것을 깨닫는 데 시간이 좀 걸렸던 것 같아요. 현석 형이 킵식스로 완전히 망하면서도 빚은 거의 다 없었거든요. 하지만 지누션을 제작할 때에는 정말 어렵게 시작했기 때문에 새로운 선급금을 받았고, 그 돈을 벌써 제작비로 다 써버렸으니 지누션으로 인한 벌이는 빚 갚기에 급급했던 거죠."

선급금뿐 아니었다. 당시 대금 지불 방식도 회사의 재정 흐름에 어려움을 주었다.

"당시에는 음반 수익이나 출연료 등을 3개월 혹은 6개월짜리 어음으로 끊어줬어요. 그나마 어음을 챙기기 시작한 것도 97년도 후반부터였고요. 방송과 행사 출연료보다 당시 회사 운영에 가장 큰 버팀목이 되었던 건 의류 브랜드 MF의 의상협찬(PPL)이었어요."

그나마 회사에서 매월 나가는 고정비용은 얼마 되지 않았다. 양민석은 최대한으로 줄이면서 구두쇠 노릇을 했다. 그는 말한다. 없을 때는 버는 것 다음으로 중요한 것이 아끼는 것이라고. 본격적으로 미래가 보이기 시작할 시점이었지만, 상황은 녹록치 않았다. 그때도 생존이 우선이었다.

"1990년대 후반은 무조건 살고 보자는 일념뿐이었어요. 경영이고 자시고를 따질 게 아니라 생존이 우선 목표였어요. 1998년까지요. 회사의 미래를 내다보면서 효율적인 경영에 신경을 돌릴 여유가 생긴 것은 2000년이 넘어서부터입니다."

열 정 넘 치 는 행 동 주 의 자

선

/ 봉사왕, 기부천사를 만나다 /

저 멀리 대충 차려 입은 옷에 꼬질꼬질한 때가 묻은 수건을 목에 두른 사내가 이쪽을 먼저 알아보고 반갑게 손을 흔든다. 오히려 이쪽에서 상대가 우리가 아는 '그 사내'가 맞는지를 확신하지 못해서 머뭇거릴 정도. 하지만 그가 점점 가까이 다가오고 예의 그 트레이드마크와 같은 눈웃음을 확인하니 우리가 만나고자 한 YG 패밀리의 '션'(본명 노승현)임을 확연히 알 수 있었다. 매년 그가 참여하는 연탄배달 봉사활동이 있는 날이었다. 오랜 시간 동안 열심히 연탄을 나르고 온 터라 제법 쌀쌀한 날씨였음에도 그의 얼굴은 땀으로 범벅이 되어 있었다.

"연탄 한 장이 몇 킬로그램인지 아세요?"

목에 두른 수건으로 얼굴을 쓱 닦더니 션이 물었다. '기자가 묻고 스타가 답한다'라는 인터뷰의 기본 법칙을 깨는 기습적인 질문이었다. 당황스럽기도 했지만 원래도 연탄 한 장의 무게를 몰랐으므로 그 질문에 답할 수가 없었다. 션은 당연하다는 듯 빙그레 웃으며 말했다.

"3.5킬로그램이에요. 한 장에 500원이고요. 그런데 그건 직접 가서 사올 때의 가격이고, 집 앞까지 배달해서 쌓아주는 건 또 돈을 받아요. 그게 200원이에요. 도합 700원이죠. 아직 연탄을 때는 집은 대부분 할아버지, 할머니들만 사시거나 어린 소년소녀 가장들이 사는 경우가 많아서 700원이면 큰 부담이에요. 게다가 대부분 집 앞까지 차가 들어갈 수 없는 산꼭대기 달동네에 살기 때문에 큰길에 연탄을 부리면 집 앞까지 일일이 날라야 하는데, 큰맘 먹고 장당 200원이라는 배달료를 받고 연탄을 날라줄 인력이 부족해서 배달이 밀리기가 십상이거든요. 우리 같은 연탄 나르기 자원봉사자가 반드시 필요한 이유죠."

다소 수줍어하는 인상과는 달리 그의 설명은 거침이 없었다. 단순히 홍보용 또는 사진찍기용으로 잠깐 활동에 참가한 사람들과는 차원이 달랐다. 그의 설명은 계속되었다.

"지게 하나에 연탄 12장이 올라가요. 지게 무게를 빼고도 42킬로그램이에요. 그걸 짊어지고 저 비탈길을 오르내리면 얼마 안 가서 다리가 후들거리고 온몸에서 땀이 줄줄 흘러내려요."

생각만 해도 아찔했다. 이날 선과 자원봉사자들이 함께 나른 연탄은 총 2100장. 모르긴 몰라도 선은 수십 차례 연탄지게를 짊어져야 했을 것이다. 그럼에도 그는 힘든 기색 하나 없이 말을 이었다.

"올 겨울에는 연탄을 때는 불우이웃에게 필요한 수량이 약 10만 장 가까이 돼요. 그런데 경기 침체 등으로 기업 후원이 줄어들면서 연탄 기부 수량도 줄어서 그에 많이 못 미치고 있어요. 안타깝긴 해도 저라도 힘을 내야죠."

함께하는 자원봉사자들을 격려하고, 사인도 해주고 사진도 찍어주며 환한 얼굴로 쉬지 않고 일하는 그를 보면서 왜 그가 '행복 바이러스' 또는 '기부천사'로 불리며 오랫동안 많은 사람의 사랑을 받고 있는지 알 수 있었다.

/ 양현석과의 만남 /

한국 1세대 힙합 뮤지션이자 현기획 시절부터 함께한, YG의 산 증인에 가깝다. 처음에 어떻게 YG와 함께하게 되었는가?

1993년까지 괌에 살다가 한국에 잠깐 나올 일이 있었어요. 그때 이미 가수 현진영 씨와 알고 지내던 사이였는데, 우연히 클럽에서 현석 형을 만나게 되었죠. 그 후 한국에서 살고 싶어서 다시 들어왔고, 그때 다시 만나서 알고 지내게 되었습니다. 본격적으로 형과 친해지게 된 것은 '서태지와 아이들 2집' 콘서트를 준비하던 현석 형이 콘서트 무대에서 춤을 춰줄 흑인 댄서가 필요하다고 해서 제가 아는 친구를 소개시켜주면서였죠.

한때 양현석 회장과 같은 집에서 함께 살기까지 했다고 들었다.

아, 같은 집에서 산 것은 아니고요. 한국 생활 초기에 제가 서울에 마땅히 머물 곳이 없어서 고민하고 있었는데 현석 형이 서태지와 아이들 소속사의 동교동 사무실에서 지내도록 도와줬어요. 그 시절 힙합은 제 인생의 전부였고, 자나 깨나 오로지 힙합 생각뿐이어서 하루 24시간 춤에 빠져 살았거든요. 지내기는 좀 힘들어도 연습실이 있던 사무실은 제게 훌륭한 보금자리였어요. 현석 형과도 초반에는 서로 대화를 많이 나누고 그러기보다는, 클럽에서 만나 서로 춤을 선보이며 교감하는 경우가 훨씬 더 많았습니다.

/ YG, 그리고 지누션의 시작 /

양 회장이 처음 야심차게 준비한 킵식스의 실패로 YG도 처음에는 삐걱거렸다. 만일 다음 주자였던 지누션이 성공하지 못했다면 오늘날 YG가 어떻게 됐을지 모를 일이다. 지누션은 어떻게 시작하게 되었나?

서태지와 아이들이 은퇴를 발표할 무렵에 현석 형이 제게 지누션을 결성하자고 했어요. 마침 저와 함께 듀오를 하면 좋을 것 같다고 사람을 한 명 소개시켜줬는데, 그 사람이 바로 '지누'(본명 김진우)였어요. 당시 지누는 이미 솔로 앨범을 발표하고 데뷔를 한 상태였죠. 앨범의 완성도는 높았는데 대중의 반응이 영 시원치 않더라고요. 그럼에도 현석 형은 지누에게서 가능성을 발견했고, 그래서 제게 지누와 함께 듀오를 결성하면 어떨지 물어본 거였어요.

그래서 바로 결정하고 앨범을 준비한 것인가?

그 제안을 받았을 때 전 괌에 머물고 있었어요. 처음엔 생각해보겠다고 했죠. 당시만 해도 지누는 깔끔한 교포 부잣집 스타일에 노래 역시 세련된 편이었거든요. 그에 반해 저는 당시 한국에서는 거의 볼 수 없었던 레게풍의 땋은 머리를 하고 다닐 정도로 정통 힙합 추종자였어요. 속으로 '아휴, 쟤하고 어떻게 힙합을 하지?'라는 고민이 있었죠. 그러다 며칠 뒤 지누가 제 괌 집으로 전화를 걸어왔는데, 이런저런 이야기를 나누다 보니 '느낌'이 확 오더라고요. 그 뒤로는 두말할 것도 없이 "함께 해보자!"라고 했죠.

그렇게 시작한 첫 앨범 준비 작업은 순조로웠나?

웬걸요. 프로듀서인 현석 형, 지누, 그리고 저. 세 사람 모두 음악과 춤에 대한 욕심과 고집이 둘째가라면 서러울 사람들인데, 그런 사람들이 모여서 하는 작업이 순조로울 리가 있겠어요? LA 유니버설 스튜디오 앞에 있는 스튜디오 시티(Studio City)에 숙소를 마련하고 작업을 시작했어요. Q라는 실력자와 현석 형, 그리고 듀스의 이현도 씨가 프로듀서로 참여했습니다. 현석 형은 서태지와 아이들로 성공하고 난 후 막 제작자로 변신해 킵식스의 데뷔 앨범까지 프로듀싱한 직후였고, 이현도 씨 역시 '듀스'라는 힙합 듀오로 성공한 이후 프로듀서로서도 많은 히트작을 배출하고 있을 때였어요. Q 역시 실력과 재능이라면 빠지지 않는 프로듀서여서 앨범을 준비하며 논쟁도 참 많이 벌이곤 했어요.

어떤 부분에서 가장 갈등이 심했나?

다른 많은 가수들 역시 마찬가지겠지만, 어떤 곡을 타이틀로 할 건지를 두고 가장 많은 논쟁을 했던 것 같아요. 현석 형은 지누션에게 어떤 색깔을 입혀야 할지 고민하다가 정통 힙합 쪽에 가까운 〈가솔린〉을 타이틀로 하자고 했고, 이현도 씨는 조금 더 대중성이 있는, 자신이 만든 〈말해줘〉를 타이틀로 하자고 했어요. 마지막까지 양현석의 〈가솔린〉과 이현도의 〈말해줘〉 중 어떤 곡을 타이틀로 할지 고민했습니다. 당시 매니저를 비롯해 저희 노래를 들은 사람들 중 100이면 99는 〈말해줘〉를 택하더라고요. 아무래도 당시에는 정통 힙합은 듣기에 조금 생소했으니까요.

결국 지누션은 〈가솔린〉으로 데뷔했다. 그리고 그게 대박이 났고.

상황이 그렇게 돌아가니 현석 형도 〈말해줘〉에 손을 들어줬어요. 그런데 이번에는 제가 우기기 시작했어요. 내가 지누션으로 성공하지 못해 미국으로 돌아가 맥도날드나 버거킹에서 일하는 한이 있더라도 타이틀 곡은 정통 힙합인 〈가솔린〉으로 하고 싶다고요. 왜냐하면 그때 제가 꼭 하고 싶었던 음악은 힙합이었으니까요. 한국의 대중에게 정말로 제대로 된 힙합 음악을 들려주고 싶었습니다.

그때 막 아이돌들이 떠오르는 시기였다. 정통 힙합을 내세운 지누션이 성공할 수 있으리라는 확신이 있었나?

그때는 그런 확신보다는 힙합을 일로 할 수 있다는 사실이 마냥 기쁘고 저를 들뜨게 했어요. 한국 생활을 하면서 현석 형 집에 이미 4년째 드나들고 있었는데, 현석 형의 어머님께서 저를 아들처럼 대해주셨어요. 민석이랑도 친형제처럼 지냈고요. 가수로서의 성공 여부를 떠나 이런 사람들과 함께 좋아하는 음악과 춤을 할 수 있다는 사실 하나만으로도 무척 행복했습니다.

/ YG와 션 /

상당수 가수들이 속칭 뜨고 나면 소속사와 다툼이 생기거나 아예 소속사를
바꾸는 일이 빈번하다. 반면 션은 데뷔 후 지금까지 잡음 한 번 없이 한결같이
잘 지내온 것 같은데, 비결이 뭔가?

제게는 YG가 소속사가 아닌 그냥 형, 동생들과 함께하는, 말 그대로 패밀리
같은 느낌이에요. 돈으로 연결된 관계가 아니고, 그냥 처음부터 함께 살을 부
대끼며 살아온 그런 가족 같은. 실제로 지누션 3집으로 한창 활동할 때가 마
침 YG와의 계약이 만료되는 시점이었는데, 매니저를 통해 다른 기획사에서
저희를 스카우트하고 싶다는 제안이 들어왔어요. 당시로서는 생각할 수 없을
만큼 큰 금액을 제시하면서요. 하지만 저희는 조금도 망설이지 않고 그 제안
을 거절했습니다. 소속사를 옮기면 YG에 있을 때보다 더 많은 돈을 벌 수 있
을지는 모르겠지만, YG에서 음악 하는 것만큼 행복할 것 같지 않아서요.

이쯤 되면 회사와 소속 뮤지션이 아니라 그냥 가족 같다.

예, 맞아요. 지금은 회장님이시지만 제게는 늘 '현석 형'이었고, 그런 형에게
늘 감사한 마음을 갖고 살고 있어요. 제가 진짜 힘들 때 음으로 양으로 정말
많이 도와주셨고요. 무엇보다 제게 아내를 소개시켜준 것만으로도 제 진짜
은인이시죠.

YG는 다르다

하지만 YG 역시 션에게 많은 도움을 받았다. 특히 YG의 이미지가 좋아진 데에는 션의 역할이 각별했다.

글쎄요……. YG의 이미지를 위해 일부러 저와 제 가족이 선행을 하는 것은 아닙니다. 저로서는 제가 생각하는 행복하게 살아가는 방법 중 하나를 택해 살아가는 것뿐인데, 많은 분이 그걸 예쁘게 봐주시고 선행이라고 칭찬해주시는 것 같아요. 결국 제가 옳은 일, 좋은 일은 하는 것은 YG의 대외적 이미지를 위해서가 아니라 우리 YG 가족의 행복을 위해서예요.

/ 션이 꿈꾸는 행복한 세상 /

이왕 선행 이야기가 나왔으니 조금 더 이야기해보자. 최근에는 아이들과 함께 하는 선행으로 화제가 되고 있다. 어떻게 시작하게 되었는가?

아이들이 조금씩 자라면서, 아빠와 엄마가 활동하는 모습을 보며 자연스럽게 동참하게 되었습니다. 이제는 동참을 넘어서서 아이들 스스로 다른 이들을 돕는 행복을 즐기고 있어요. 아이들에게 "아빠, 엄마가 너희 이름으로 어떤 일(돕는 일)을 했어"라고 얘기해주면 굉장히 좋아해요. 그러면서 "다음엔 또 언제 해?"라고 묻기까지 하죠. 돕는 일을 할 때마다 같이 데리고 가니 아이들이 그걸 자연스럽게 받아들이게 된 것 같아요. 얼마 전 푸르메 재단(장애인 전문지원 기관)에 기부하러 갔을 때도 시키지도 않았는데 아이들이 먼저 동전을 들고 가서 기부함에 넣고 오더군요.

YG 후배들에게도 선행을 전파하나?

악동뮤지션이나 투애니원(2NE1) 같은 경우에는 자주 데리고 다녀요. 악동뮤지션은 함께 장애인 지원시설에도 갔었어요. 투애니원의 씨엘(CL)은 스케줄이 비면 봉사하러 가고 싶다고 먼저 연락을 줘요. 아무리 좋은 일이라도 본인들이 싫으면 억지로 시킬 수가 없는 건데, 악동뮤지션이나 씨엘 같은 경우에는 정말로 좋아서 하는 일이에요. 봉사하면서 즐겁고 행복해하는 모습이 참 보기가 좋아요.

그런데 션의 활동 모습을 보며 "저렇게 다 기부하면 션은 뭐 먹고 살아?" 하며 걱정하는 팬들도 많다고 들었다. 어떤가?
제가 보기와는 다르게 뭔가 해야겠다고 생각하면 꼭 하고야 마는 성격이에요. 이웃들의 사정을 제가 몰랐을 때는 어쩔 수 없지만, 알고 나서는 그것(봉사나 기부)을 해야겠다고 생각하면 그 일에 뛰어드는 것에 많은 고민을 하지 않아요. 제 개인의 먹고 사는 일까지 많은 팬 분들이 걱정해주시는 것에는 감사합니다. 하지만 계산기를 두드려서는 답이 안 나오는 일이, 계산기를 두드리는 일을 멈추고 보이는 일부터 차근차근 해나가면 해결되는 경우가 많아요. 그런 예가 수도 없이 많지요. 2013년에는 어린이 재활병원 건립을 돕고자 1미터당 1원씩 기부하는 마라톤 대회를 계획했었습니다. 12월경 1만 킬로미터를 다 뛰었더니 이번에는 1킬로미터당 1만 원씩 기부하고 싶다는 생각이 들더라고요. 그래서 한참 고민하고 있었는데, 마침 CF 모델 건이 들어와서 그 일이 해결되었어요. 그러니까 생각지도 않았던 일을 하려고 할 때 CF 모델 제의가 들어와 해결되었던 거죠. 그렇다고 해서 아이들 입을 거 못 입히고, 먹을 거 못 먹이며 살고 있지는 않아요. 물질이 너무 많아도, 너무 없어도 행복하지 않거든요. 적정한 선에서 아이들이 누릴 수 있는 것은 누리게 하며 살고 있습니다.

/ YG의 과거, 현재, 그리고 미래의 '그 사람' /

지누션의 션은 한때 정통 힙합의 대명사였고, 어느새 대한민국 연예계 선행의 대표주자가 되었으며, 지금은 '육아의 신'이라는 애칭까지 덤으로 얻었다. 또 현재 YG 이사이기도 한 그는 오늘의 YG를 만든 초석으로 기억되고 있다.

마흔, 불혹 이후의 얼굴은 자기 자신이 만든다고 했다. 막 연탄배달을 마치고 비지땀을 훔치는 션의 얼굴에는 부드러운 미소가 흘러 넘쳤다. 사람을 편하게 만드는 인상이다. 온 세상을 찢어버릴 듯한 폭발적인 래핑을 선보이던 힙합 청춘의 모습은 간데없고 행복한 기운만이 가득했다.

그런 그의 모습에는 YG의 과거, 현재, 그리고 미래의 모습이 담겨 있었다. 자신이 추구하는 음악과 춤에 대해서만큼은 고집스러울 정도로 자기 주관을 굽히지 않되, 그렇게 거둔 성공을 혼자만 향유하는 것이 아닌, 주변과 기꺼이 나눌 수 있는 마음과 행동이. 그리고 현재에 만족하지 않고 더 큰 미래를 위해 한 차원 더 높은 수준에 도전하는 자세까지. 션, 그리고 YG의 미래가 앞으로 더 기대되는 이유다.

역발상으로
판을 바꾸다

원타임, YG 안에서 숨 쉬는 힙합

서태지의 컴백을 매니지먼트하다

생각의 전환, 판을 바꾸다

승부를 걸 땐 물러서지 않는다

크고 위대한 대폭발, 빅뱅

아름다운 재능과 열정, 투애니원

1

원타임,
YG 안에서 숨 쉬는 힙합

> 지누션, 원타임이 잘됐던 이유도 그 친구들이 나와 똑같은 사람들
> 이어서 커뮤니케이션이 잘됐던 것 같다. 사실 킵식스는 뼛속까지 힙합이 아니
> 었다. 근데 지누션하고 이현도라는 친구를 만나면서 나의 본 모습, 내가 좋아
> 하는 음악을 찾아냈다. 그러면서 쭉 오로지 힙합으로만 달렸다. 요즘 들어 장
> 르가 벌어지면서 악동뮤지션 같은 친구들을 영입했지만, 그 전까지만 하더라
> 도 YG 가수 누구에게나 힙합, 알앤비가 내재돼 있었다. - **양현석**

비록 큰돈을 만지지는 못했지만 지누션의 성공으로 인해 YG는 자
신감을 얻었고 한 발 더 앞으로 나아갈 수 있는 계기를 마련했다.

1998년에도 지누션의 인기는 계속되었고, 지누션의 노래를 영어로
번역한 앨범 《더 리얼(The Real)》을 제작하게 되었다. 이 앨범에는 일곱
명의 남자 아이돌로 구성된 M.F. Family라는 그룹이 참여했다. 그리
고 그해 늦가을, 기존의 M.F. Family에서 세 명이 빠지고 네 명으로 구
성된 힙합 그룹이 데뷔했다. 바로 원타임(1TYM)이었다. 지금은 무대에

서 보기 힘들어서 사람들은 원타임이 잠정적으로 은퇴한 것으로 생각한다. 하지만 YG와 원타임 멤버들은 아직 그들이 단 한 번도 정식으로 은퇴한 적이 없으며, 각자 영역에서 활약하느라 바빠서 후속 앨범을 내거나 활동을 이어가지 못하고 있을 뿐이라고 말한다.

'당신 마음속의 한 순간(One Time for Your Mind)'이라는 뜻의 이름으로 데뷔한 원타임은 리더이자 메인 래퍼인 테디를 필두로 안무와 랩을 담당하는 오진환과 송백경 그리고 메인 보컬을 맡은 대니까지 재능 있는 네 청년이 뭉친 힙합 그룹이었다. 데뷔 앨범과 타이틀 곡은 모두 팀 이름과 같은 《1TYM》, 〈1tym〉이었다.

지누션이 힙합에 대한 물꼬를 트고 관심을 불러일으켰다면 원타임은 힙합을 더 신명 나고 즐거운 것으로 느끼게 했다. 힙합이라는 장르를 한국인들 귀에 익숙한 멜로디와 가사를 입혀 쉽게 흥얼거릴 수 있도록 만든 그들의 곡은 단숨에 힙합 팬의 영역을 엄청나게 확장시켰다. 특히 원타임은 여중생, 여고생들에게 인기가 많았다. 깔끔하게 생긴 미소년들이 밝고 희망적인 메시지를 담은 가사에 아름다운 화음을 입혀 감미롭게 부르다가 때로는 반항아처럼 거칠게 변주하는 모습을 보며 많은 사람들은 그들이 부르는 힙합의 매력에 쏙 빠져들고 말았다. 어떻게 보면 원타임은 '힙합 아이돌'의 1세대라고 할 수 있겠다.

하지만 이들은 단순히 노래만 부르고 춤만 추는 '아이돌'이 아닌 그 이상이었다. 원타임은 1집 작업을 할 때부터 멤버인 송백경이 당시 YG의 메인 프로듀서 중 한 명이었던 페리와 공동 프로듀싱을 했고, 3집부터는 테디와 송백경 둘이서 그들의 앨범을 프로듀싱했다. 아이돌 가수가 자신의 음반을 작사·작곡하거나 프로듀싱을 한다는 것은 당시로서는 매우 드문 일이었다. 원타임은 처음부터 힙합 뮤지션으로서의 면모를 갖추고 있었던 것이다.

이러한 힙합 정신은 초기 YG를 발전시키는 원동력이 되었다.

"좋아하는 힙합? 힙합을 좋아하는 게 아니라 양현석이라는 사람 자체가 힙합에 둘러싸여 있었다. 지누션, 원타임이 잘됐던 이유도 그 친구들도 나와 똑같은 사람들이어서 커뮤니케이션이 잘됐던 것 같다. 사실 킵식스는 뼛속까지 힙합이 아니었다. 근데 지누션하고 이현도라는 친구를 만나면서 나의 본 모습, 내가 좋아하는 음악을 찾아냈다. 그러면서 쭉 오로지 힙합으로만 달렸다. 요즘 들어 장르가 벌어지면서 악동뮤지션 같은 친구들을 영입했지만, 그 전까지만 하더라도 YG 가수 누구에게나 힙합, 알앤비가 내재돼 있었다."

결국 자신이 가장 관심 있고, 가장 좋아하고, 가장 잘 아는 분야에 집중했기 때문에 거둬들일 수 있는 성과였던 것이다. 물론 그러한 행보에 같이 공감하고 작업해준 뮤지션들이 있었기에 가능한 일이었다.

원타임처럼 소속 멤버가 직접 앨범 프로듀싱에 참여하거나 다른 프로듀서와 공동으로 작업하는 방식은 이후 YG 특유의 전통이 되었고, 이후로 비슷한 방식으로 앨범을 작업하는 아이돌들이 늘어났다. 그렇게 만들어진 YG의 문화는 완성된 노래를 가수들이 받은 뒤 단순하게 연습하고 부르는 것에 그치지 않고, 가수가 처음부터 자신의 앨범에 참여해 본인이 갖고 있는 철학과 예술적 가치를 앨범에 쏟아 부어 진정한 '자신의 앨범'으로 만들어가는 형태의 작업을 가능하게 했다. 가수를 넘어 현재는 멀티 아티스트(multi artist) 또는 트렌드 크리에이터(trend creator)로 평가 받는 빅뱅의 지드래곤이나 투애니원의 씨엘 등과 같은 이들이 탄생할 수 있는 토대를 원타임 때부터 구축하기 시작한 것이다.

그리고 그 익숙한 'YG 패밀리'라는 말이 생긴 시점도 이 무렵이다. 양현석 회장의 말을 빌리면 YG에서 '패밀리'리는 말은 지누션과 원타임이 식구처럼 지냈을 때 생긴 말이라고 한다. '식구(食口)'란 '먹는 입', 즉 '끼니를 같이하는 사람'을 일컫는다. 한마디로 음악적 동지 혹은 소속사 대표와 소속 아티스트 관계를 뛰어넘는 표현인 것이다. '패밀리' 정신은 이후 YG 문화를 대표하는 것 중 하나가 되었다. 'YG 패밀리'란 이름으로 앨범을 발표하고, "우리는 YG 패밀리, 패밀리, 패밀리"라는 노랫말이 탄생했을 정도로(1999년 제작자인 양현석을 포함해 소속 가수들이 한데 모여 YG 패밀리라는 이름으로 첫 번째 앨범 《패밀리엄Famillenium》을 발매했는데, 이 앨범의 타이틀 곡은 〈우리는 Y.G Family〉였다).

2
서태지의 컴백을
매니지먼트하다

> 회사의 미래를 내다보면서 효율적인 경영에 신경을 돌릴 여유가 생긴 때는 2000년이 넘어서예요. 서태지가 《울트라맨이야》로 컴백할 때 우리 회사가 매니지먼트를 맡았는데, 그때 좀 더 정확히 기획사와 연예인 사이의 돈의 흐름, 즉 정산에 정성을 들이면서 숫자 개념을 제대로 잡아가기 시작했어요. 근 1년간의 단발성 매니지먼트 대행이었지만, 일도 많았고 서태지 특유의 꼼꼼한 성격에 맞춰서 더 정확하게 잘하려고 노력을 많이 기울였죠. 그러다 보니 스스로 깨우치며 배운 점도 많았습니다. **- 양민석**

양현석, 양민석이라는 환상의 궁합이 힘을 발휘하여 힘든 시기도 버텨냈고, 지누션과 원타임을 연달아 성공시키며 YG는 기획사로서의 가능성과 존재감을 확보했다. 하지만 경영적인 측면에서는 아직 갈 길이 멀었다. 2000년, 원타임의 2집이 성공하면서 이제 회사의 기운도 달라지기 시작했다. 미래를 내다보며 경영에도 신경을 쓸 만한 여유가 생긴 것이다. 그리고 더불어 YG는 회사 경영에 있어 한 단계 더 발전할 수 있는 계기를 맞이했다. 바로 서태지의 매니지먼트를 맡기로 한 것이다.

2000년 9월, 서태지가 《울트라맨이야》로 컴백했다. 그의 두 번째 솔로 앨범이자 서태지와 아이들 시절까지 합치면 여섯 번째 앨범이었으나 그 의미가 좀 남달랐다. 1996년 서태지는 서태지와 아이들 해체 선언 이후 2년 만에 《서태지(Seo Tai Ji)》라는 첫 솔로 앨범을 발매했지만, 당시에는 미국에 머문 채 일체의 대외활동이나 공연은 하지 않았다. 음반에 담긴 곡들도 〈마야(Maya)〉 정도를 제외하고는 대부분 〈테이크 원(Take one)〉, 〈테이크 투(Take two)〉 등의 이름을 붙여 본격적인 음악 활동에 앞서 그간 축적된 그의 실험작들을 팬들에게 우선적으로 선보인다는 느낌이 강했다. 하지만 두 번째 앨범 《울트라맨이야》는 기획 자체부터가 달랐다. 이 앨범은 서태지의 본격적인 컴백을 염두에 두고 준비되었고, 그에 맞춰 언론 매체와 인터넷에는 '서태지의 컴백'을 알리는 소식들이 대대적으로 쏟아졌다. 그리고 서태지 역시 앨범 발매 시기에 맞춰 김포공항을 통해 한국에 입국했다. 오랜 시간 그의 복귀를 기다려왔던 팬들은 열광했고, 방송국에서는 서태지 모시기에 여념이 없었다.

이때 서태지의 매니지먼트를 담당한 곳이 YG였다. 비록 1년간의 단발성 매니지먼트 계약이었지만, 단순한 가수를 넘어 시대의 아이콘이자 문화의 상징이었던 서태지의 국내 활동을 매니지먼트하면서 YG 내부에는 여러모로 긍정적인 변화가 일어났다.

서태지와의 계약관계는 한 식구 같았던 소속사 가수들과는 달랐다. 서태지와 양현석은 개인적으로는 서로 아끼는 친한 사이이긴 했지만, 비즈니스 관계에서는 친분만으로 부족했다. 보다 정확하게 정산하고 철저하게 챙기고 관리해야 했다. 특히 꼼꼼하고 정확한 서태지의 성격에 맞추려면 기존의 방식으로는 어림없었다. 양민석 대표의 말을 들어보자.

"서태지가 《울트라맨이야》로 컴백할 때 우리 회사가 매니지먼트를 맡았는데, 그때 좀 더 정확히 기획사와 연예인 사이의 돈의 흐름, 즉 정산에 정성을 들이면서 숫자 개념을 제대로 잡아가기 시작했어요. 근 1년간의 단발성 매니지먼트 대행이었지만, 일도 많았고 서태지 특유의 꼼꼼한 성격에 맞춰서 더 정확하게 잘하려고 노력을 많이 기울였죠. 그러다 보니 스스로 깨우치며 배운 점도 많았습니다."

서태지 이후로도 YG는 서태지의 경우처럼 YG와 가수, 그리고 가수의 기존 소속사와 3자 계약을 맺은 사례가 꽤 있었다. 엠보트 소속이었던 휘성, 빅마마, 거미가 그 대표격이다. 계속 양민석 대표의 말을 들어보자.

"YG와 가수, 그리고 가수의 기존 소속사와 3자 계약을 했던 사례가 2000년 초반 즈음에는 꽤 있었어요. 엠보트와 거기 속한 휘성, 빅마마, 그리고 거미까지요. 제게는 새로운 경험이자 과제였어요. 현석 형에게 들어온 구두 제의들을 3자 계약으로 정식 문서화하는 게 숙제였죠."

서태지의 매니지먼트를 담당한 덕분에 이러한 부분에 대한 노하우를 크게 쌓을 수 있었다. 가장 정신없던 때이기도 했지만, 덕분에 양민석 대표는 회사 운영 방법에 대한 틀을 잡을 수 있었다.

"일단 기존 전속계약을 파기하고 새로운 3자 간의 전속계약서를 마련했어요. 가수와 소속사, 양자 간 계약도 복잡한데 제3자들이 등장했으니 더 신경을 썼지요. 이해 당사자들이 많으니까 규칙을 아주 세세한 곳까지 정해야 했어요. 제작비와 진행 비용은 어떻게 나눠서 마련할 것인지, 투자 리스크는 누가 질 것인지, 또 마스터 관리는 누가 담당할 것인지. 인세 구분, 프로모션 의사 결정 구조를 다 포함하는 계약서를 설계하는 과정이 무척 힘들더라고요. 그래서 서태지의 매니지먼트를 맡았을 때 처음 인연을 맺고 지금까지 YG의 고문변호사를 맡고 계신 정경석 변호사님과 함께 3자 전속계약서에 대해서 많이 논의하고 협의를 거쳐 초안을 만들었어요. 당시만 해도 대한민국에는 엔터테인먼트 전문 변호사가 몇 분 안 계셨거든요. 미국 등 엔터테인먼트 산업이 발전한 나라들처럼 저희도 전문 변호사들의 법적인 도움을 받기 시작한 거죠."

이뿐 아니다. 그 이전에는 애매하고 불투명한 전속계약서도 양민석 대표의 손을 거치면서 지금의 표준계약서와 비슷한 형태로 완성되었다.

"회사 초기, 지누션과 전속계약을 다시 맺으려고 했더니 벌써 지누 형과 션 형이 각자 개인 계약을 맺고 있었어요. 계약서를 살펴보니 여러 조항들이 애매하고 불투명해서 형들에게 불리한 게 많았죠. 이래서는 안 되겠다 싶어서 여러 곳에 자문을 구해 제대로 된 계약서를 꾸며 도장을 찍었는데, 요즘 통용되는 표준계약서와 별다를 바 없었어요. 소속 연예인과의 정산은 맨 처음부터 투명하게 했던 거죠. 당연히 그래야 하는 것이 맞고요."

원타임 때까지만 해도 YG는 마지막 방송 활동을 기준으로 정산을 해주곤 했다. 마지막 방송을 기준으로 앨범 활동이 종료되었기 때문이다. 마지막 방송을 한 뒤에 활동 기간에 따른 수입과 지출을 정리해서 남은 차액을 가수와 회사가 분배하는 방식으로 정산을 했지만 지금은 다르다.

"지금은 가수들의 앨범 활동 기간을 정확하게 나누기 힘들기 때문에 기간별 정산으로 바꿨어요. YG에서는 3개월 분기별 정산이 기본이에요. 가령 1월 1일부터 3월 31일까지 정산을 하고, 그 다음 달 말일, 즉 4월 말일에 지급하는 거지요."

긴 시간 재정적 어려움을 겪은 뒤에도 가장 먼저 주목한 것이 깨끗한 정산이라는 점은 귀감을 살 만하다. 이 외에도 양민석 대표는 제작 부서에 치중되어 있던 인력 충원을 관리 및 마케팅 분야로 확대시켜 체계가 잡힌 회사의 모습을 만들어가는 데 힘썼다.

지누션과 원타임의 제작과 연이은 성공이 외향적으로 회사를 알리고 YG라는 브랜드를 만드는 데 일조했다면, 서태지의 매니지먼트는 회사의 내실을 다지고 YG라는 브랜드를 지키면서 다른 가수를 서포트하는 운영 노하우를 쌓는 데 중요한 경험을 제공한 셈이다. 물론 아쉬운 점도 있다. 서태지 컴백 프로모션 매니지먼트에 집중하면서 자체 제작 시기를 놓친 것이다.

"회사는 늘 다음 먹을거리, 요즘 대기업들 표현으로는 신수종(新樹種) 사업[3]을 준비해야 하는데 내부적으로 새로운 가수 및 음악 콘텐츠 제작의 맥이 잠시 끊겼던 겁니다. 시간과 자금, 양쪽이 다 원활하지 못했어요."

하지만 그들은 곧 그들의 방식대로 이 난관을 헤쳐 나갔고, 변혁을 일으키기 시작했다.

---

3 신수종(新樹種)이란 '새로운 나무의 종류'란 뜻으로 신수종 사업이란 미래 산업을 이끌 만한, 유망한 신(新)사업을 뜻한다.

3
생각의 전환,
판을 바꾸다

" 내가 처음으로 만들었던 여성 그룹은 빅마마다. 빅마마는 예쁘고 날씬한 여가수들만이 각광받던 세상에서 가창력과 색다른 매력을 앞세워보자는 내 아이디어와 신념으로 만들었던 팀이다. 특히 〈브레이크 어웨이〉는 내가 처음으로 직접 뮤직비디오 아이디어를 내놓았다. 예쁜 친구들 서너 명 위주로 구성된 여성 그룹들이 자주 등장하던 때에 빅마마 같은 보컬 중심의 여성 그룹이 나왔다는 사실은 파장이 꽤 컸다. 역발상을 통해 성공을 거둔 경우다. **- 양현석**
"

2002년 4월, YG는 알앤비 전문 레이블인 엠보트와 제휴해 남자 신인 가수를 한 명 선보였다. 중학생 때 댄스 팀에 들어가 백댄서 활동을 한 경험이 있고, 고등학교에서는 밴드 활동을 했으며, 강변가요제에도 출전한 적이 있는 실력파였다. 그는 90년대 말 유행했던 컴퓨터 통신 나우누리의 흑인음악 창작동호회 SNP(Show and Prove)에서도 그 실력을 인정받고 있던 만큼 당시 한국 토종 가수들에게서 쉽게 나올 수 없는, 속칭 흑인 소울(soul)이 충만했다. 바로 휘성이다.

휘성의 재능을 알아본 엠보트가 그를 픽업해서 앨범 제작을 준비하던 중에 YG에서 엠보트에 전략적 제휴를 제안했고, 그 제안이 받아들여져 엠보트가 기획 및 프로듀싱을 담당하고 YG가 제작과 홍보 및 마케팅을 담당하게 되었다. 그렇게 해서 YG는 기획사 설립 후 처음으로 홍보와 마케팅을 맡아 진행하게 되었다.

"홍보를 직접 한 건 휘성이 처음이었다. 그 전까지는 내 나이가 어렸다. 27~28살에 제작을 시작했으니까, 돌이켜보면 굉장히 어린 나이에 시작한 것이다. 그 당시만 하더라도 매니지먼트의 힘이 중요했고, 힘이 없으면 방송 출연은 아예 못 잡던 시절이었다. 하지만 나는 그때 나이도 어렸고 경험도 부족했다. 그래서 예당엔터테인먼트에 이름을 걸고 그에 해당하는 비용을 지불했다. 하지만 휘성을 맡으면서 내가 직접 해봐야겠다는 생각이 들어서 〈안 되나요〉부터는 내가 직접 뛰었다."

휘성 이전까지 YG는 앨범 기획과 제작을 하고, 앨범 발매 이후의 유통과 홍보는 예당엔터테인먼트가 맡아서 진행해왔다. 그리고 유통과 홍보를 대행해주는 대가로 일정 정도의 비용을 예당엔터테인먼트에 지불했다. 하지만 휘성의 경우는 달랐다. 엠보트와의 전략적 제휴로 인해 만드는 것은 엠보트가, 알리는 것은 YG가 하기로 한 것이다. 그동안에는 제작사로의 성격이 강했다면 이제 본격적으로 매니지먼트 사업에 뛰어든 것이다. 서태지의 매니지먼트를 담당했던 경험이 있기에 가능한 일이었다.

'서태지가 극찬한 보컬'이라는 수식어를 가지고 《라이크 어 무비(Like a Movie)》란 앨범을 들고 데뷔한 휘성은 호소력 짙은 타이틀 곡

〈안 되나요〉로 평단과 대중 모두에게 호평을 받으며 주목받기 시작했다. 하지만 그렇게 되기까지의 과정은 만만치 않았다. 오로지 발로만 뛰어다녀야 하는, 당시의 고전적인 홍보 방식으로 인해 양현석은 큰 곤혹을 치러야했다.

"막말로 얘기하자면 더럽고 치사했다. 내가 이런 일까지 해야 하나 그런 생각도 들었다. 나만을 위해서라면 죽어도 못했을 텐데, 휘성이란 가수를 처음 발견해서 이 친구를 어떻게든 성공시켜야겠다는 생각에 새벽 6시부터 일어나서 온갖 곳을 뛰어다녔다. 그때는 5대 언론사가 있었는데, 거기 부장님들한테 인사하려고 아침부터 쫓아다녔던 기억이 아직도 새롭다. 물론 방송국은 더욱 찾아다녔고. 그때만 해도 서태지와 아이들 때 방송사들 말을 잘 안 들었던 이미지가 강해서, 방송국 가서 그쪽 관계자들 만날 때 수모도 많이 당했다. 그래서 너무 힘들었다. 특히 휘성 때가 그랬다. 그런 경험이 처음이라 말도 못하게 수치심을 느꼈다. 그렇다고 싸울 수도 없었다. 힘이 없으니까. 휘성을 뮤직뱅크 한 번 출연시키려고 매주 담당자를 찾아갔지만 몇 달 동안 출연을 못 시켰다."

힘들 거라고 예상은 했지만, 상상했던 것 그 이상이었다. 그때까지만 해도 연예인이라는 인식이 강했던 터라 돈은 잃어버려도 자존심은 잃어버리고 싶지 않다는 마음이 강했던 양현석에게는 특히 그랬다. 하지만 대신 '경험'이란 것을 얻을 수 있었다. 양현석은 말한다. "그래도 그게 다 경험으로 쌓였다"라고.

그렇게 쌓은 경험을 바탕으로 YG는 계속 엠보트와 공동 작업으로

YG는 다르다

실력파 가수들을 선보였다. 이듬해인 2003년 2월 1일, 2월 6일, 3월 8일. 한 달 사이에 무려 세 팀의 앨범이 연속해서 발매됐다. 거미, 빅마마, 그리고 세븐이었다.

거미 역시 휘성처럼 SNP에서 인정받고 있던 탁월한 가창력의 소유자로, SNP에서 활동하며 휘성을 알게 된 후 한 살 연상인 그녀가 휘성의 보컬 트레이닝을 해준 적이 있을 정도로 소문난 실력파였다. 신연아, 이지영, 이영현, 박민혜로 구성된 4인조 여성 보컬 그룹 빅마마(Bigmama)도 당시 에스이에스(S.E.S)나 핑클(FIN.K.L)로 대표되는 아이돌 걸그룹이 득세하던 시절에 오직 가창력만 보고 결성되었을 정도로 뛰어난 실력을 자랑했다. 휘성의 1집 프로모션으로 인해 YG와 엠보트 간에 신뢰가 형성된 상태였던 터라 자연스레 거미와 빅마마도 공동으로 작업하게 되었다(앞서 양민석 대표가 새로운 3자 간의 전속계약서를 마련했다는 것이 이 시기의 일이다. 그렇게 해서 휘성, 거미, 빅마마는 YG와 엠보트 공동 소속이 되었다).

세븐(Seven)은 YG의 연습생으로, 원타임의 백댄서를 하는 등 만 3년간 YG에서 가수로 데뷔하기 위한 트레이닝을 받았다. 데뷔 전에는 2002년에 발매된 'YG 패밀리 2집'에 참여해 〈한 번, 단 한 번〉이라는 곡을 불러(앨범에는 YG New Face라고 표기되어 있다) 미리 팬을 불러 모으기도 했다. 그런 만큼 준비된 가수였다. 당시 YG와 엠보트 간의 인연으로 엠보트에서 세븐 1집 작업에 참여하기도 했다.

소속 가수를 이렇게 연이어 데뷔시키는 것도 당시로서는 파격이었다. 집안싸움을 하게 돼 좋지 않은 결과를 불러일으킬 수 있었다. 하지만 양현석은 과감했다. 양민석 대표의 말을 빌리면 당시 양현석은 "준비는 끝났다. 지금 가수들 제작을 몰방해야 한다. 한꺼번에 다 내보내자" 하면서 자신감을 드러냈다고 한다. 그리고 결과는 그 자신감대로였다.

《라이크 뎀(Like Them)》이란 앨범을 들고 데뷔한 거미는 타이틀 곡인 〈그대 돌아오면〉과 후속 곡인 〈친구라도 될 걸 그랬어〉가 연이어 인기를 얻으면서 이름을 널리 알렸다. 원래 '거미'라는 예명은 클 거(巨), 아름다울 미(美)로 '크고 아름다워져라'라는 뜻이 있지만, '거미줄에 걸린 것처럼 헤어 나올 수 없는'이라는 뜻도 있다고 한다. 실제로 데뷔 전 거미의 노래를 들은 양현석은 "이 친구의 목소리는 사람을 끈적끈적하게 휘감아 헤어 나오지 못하게 하는 마력이 있다"고 평가했다고 한다. 그 평가대로 거미는 대중의 귀를 사로잡아 빠져나올 수 없게 만들었다. 데뷔 전 오디션을 볼 때마다 "그 얼굴에 가수하겠어?"라는 말을 들었던 거미는 그 평가를 무색하게 만들었다. 한때 절정의 인기를 끌었던 〈나는 가수다〉에 출연했을 만큼, 지금도 거미는 실력과 솔로 가수의 대명사다.

《라이크 더 바이블(Like The Bible)》이란 앨범으로 데뷔한 여성 4인조 보컬 그룹 빅마마는 등장과 함께 화제를 불러일으켰다. 특히 양현석이 처음으로 직접 아이디어를 낸 타이틀 곡 〈브레이크 어웨이(Break Away)〉의 뮤직비디오는 대단한 관심을 받았다. 어느 클럽에서 모델처럼 늘씬한 여성 가수 네 명이 노래를 부르고 있고, 손님들은 그 4인조 그룹으로부터 시선을 떼지 않는다. 하지만 노래가 거의 끝날 무렵, 실제로 노래를 부르는 가수들은 뒤에 따로 있고 앞에서 노래 부르는 네 명은 립싱크를 하고 있었을 따름이라는 구성의 뮤직비디오였다. 그 뒤에서 노래를 부르는 가수들이 바로 평범하고 친근하게 생긴 빅마마 멤버들이었다. 예쁘고 귀여운 걸그룹이 득세하던 시절에 오로지 실력으로 정면 승부하겠다는 도전은 정확히 먹혀들었다.

"내가 처음으로 만들었던 여성 그룹은 빅마마다. 빅마마는 예쁘고 날씬한 여가수들만이 각광받던 세상에서 가창력과 색다른 매력을 앞세워보자는 내 아이디어와 신념으로 만들었던 팀이다. 특히 〈브레이크 어웨이〉는 내가 처음으로 직접 뮤직비디오 아이디어를 내놓았다. 예쁜 친구들 서너 명 위주로 구성된 여성 그룹들이 자주 등장하던 때에 빅마마 같은 보컬 중심의 여성 그룹이 나왔다는 사실은 파장이 꽤 컸다. 역발상을 통해 성공을 거둔 경우다."

양현석은 빅마마의 성공을 두고 이렇게 평가했다. 타이틀 곡인 〈브레이크 어웨이〉에 이어 지금까지도 여자들 애창곡 순위에 꼽히는 〈체념〉까지 연이어 히트시키며 빅마마 데뷔 앨범은 44만 장이라는 판매고를 기록했다.

YG에서 오랜 연습생 생활을 하고 만 열아홉 살에 《저스트 리슨(Just Listen)…》이라는 앨범으로 데뷔한 세븐은 그야말로 데뷔하자마자 광풍을 일으켰다. 앳된 외모에 챙 모자를 쓰고 힐리스(바퀴달린 운동화)를 신고 무대를 누비는 그의 모습은 소녀 팬들의 가슴을 설레게 하기 충분했다. 또한 그가 신고 나왔던 힐리스는 소년, 청년들의 유행 아이템이 되었다. 타이틀 곡 〈와줘〉는 헤어진 연인을 그리워하는 노래였지만, 부드러운 감성과 신선한 감각이 더해져 많은 사람의 사랑을 받았다. 더욱이 힐리스를 신고 격한 춤을 추면서도 흔들림 없는 그의 노래 실력은 1년 먼저 데뷔한 비(Rain)에 비견되면서 라이벌로까지 거론되곤 했다. 세븐의 데뷔 앨범은 발매 약 한 달 반 만에 판매 2위를 기록했다. 김건모, 조성모, 이승환 등 쟁쟁한 선배들과의 경쟁 속에서 이루어낸 결과였다. 그리고 이때 앨범 판매 1위는 한솥밥을 먹고 있던 빅마마였다. YG 소속 가수들이 나란히 1, 2위를 차지한 것이다.

이 모두가 단 몇 달 사이에 이루어졌다. '몰빵'해도 된다는 양현석의 자신감은 괜한 것이 아니었다. 특히 양현석은 거미, 빅마마, 세븐을 연속으로 성공시키며 양현석이 힙합뿐 아니라 다른 장르의 음악을 만들 수 있다는 것을, 실력파 가수와 아이돌 모두 키워낼 수 있다는 것을 보여주었다. 사실 세븐은 아이돌에 가까웠고, 거미나 빅마마는 알앤비적 감성이 살아 있기는 해도 또 발라드 가수로서의 면모도 있었기 때문이다.

보다 눈여겨보아야 할 것은 휘성, 거미, 빅마마로 이어지는 보컬 가수들의 성공이다. 아이돌들이 가요계를 휩쓸고 있을 때 이루어낸 성과기 때문이다. 세 팀 모두 비주얼에 치중하거나 예능 프로그램에 출연하는 등 음악 외적인 부분에 의존하지 않고, 자신들이 추구하는 음악을 가지고 대중의 사랑을 받았다. 물론 이들의 실력과 YG의 매니지먼트가 어울린 결과다. 덕분에 가요계도 스펙트럼을 한 차원 넓힐 수 있었다.

4

승부를 걸 때
물러서지 않는다

콘텐츠 제작을 도맡아하는 현석 형을 제대로 서포트하려면 제가 이 대목에서 돈타령만 해봤자 아무런 의미가 없다고 판단했습니다. 현석 형이 '준비된 가수들'을 연달아 제작하는 쪽으로 승부를 걸었으니, 저는 어떻게든 제작에 차질 없도록 회사에 돈이 돌게 만들어야 했어요. 그 참에 선급금의 변제 방식을 바꾸자는 아이디어가 떠올랐고, 결국 선급금의 악순환의 고리까지 끊을 수 있었습니다. **- 양민석**

앞서 양민석 대표는 이렇게 말했다.

"2000년대 초반 서태지 컴백 프로모션 매니지먼트에 집중하면서 자체 제작 시기를 놓쳤습니다. 회사는 늘 다음 먹을거리, 요즘 대기업들 표현으로는 신수종을 준비해야 하는데 내부적으로 새로운 가수 및 음악 콘텐츠 제작의 맥이 잠시 끊겼던 겁니다. 시간과 자금, 양쪽이 다 원활하지 못했어요."

양민석 대표는 자체 제작 시기를 놓치면서 (지누션과 원타임의 성공으로) 조금 나아지는가 했던 자금 흐름에 다시 동맥경화가 생겼다며, 또 다시 위기 상황이 오는 것 아닌가 하는 생각에 겁이 났다고 한다. 그렇다면 어떻게 이런 상황에서 휘성, 거미, 빅마마, 세븐을 연달아 선보일 수 있었을까. 여기에는 양민석 대표의 숨은 노력이 있었다. 앞에서 지휘하는 양현석 못지않게 양민석 또한 뒤에서 물심양면으로 뛰어다닌 것이다.

"당시 휘성, 거미, 빅마마, 세븐 모두 언제 나올지 모르는 연습생에 불과했어요. 그런데 현석 형이 준비된 연습생들의 음악 제작을 재정비하더니, '준비는 끝났다. 지금 가수들 제작을 몰방해야 한다. 한꺼번에 다 내보내자'고 자신감을 드러내더라고요. 콘텐츠 제작을 도맡아 하는 현석 형을 제대로 서포트하려면 제가 이 대목에서 돈타령만 해봤자 아무런 의미가 없다고 판단했습니다. 현석 형이 '준비된 가수들'을 연달아 제작하는 쪽으로 승부를 걸었으니, 저는 어떻게든 제작에 차질이 없도록 회사에 돈이 돌게 만들어야 했어요."

그때 떠오른 생각이 '선급금의 변제 방식을 바꾸자'는 것이었다.

"제 고민의 90퍼센트는 고질적인 선급금 병폐를 해결하는 데 있었어요. 경험적으로 선급금 문제를 제대로 풀지 못하면 회사 초창기처럼 또 보릿고개가 찾아오리란 걸 알았으니까요. 휘성, 거미, 빅마마, 세븐을 제작하면서 EMI의 도움을 받았는데, 그때 계약하면서 EMI 측에 선급금을 한꺼번에 전액 변제하는 기존 방식 말고 구간별 변제를 하는 게 어떻겠냐고 제안을 했어요. 변제 구간을 설정해서 인세 자체에 변동을 줬죠. 당신들이 구간별 변제를 해주면 저희는 가수 인세 비율을 매 구간별로 달리해서 양보하겠다고 설득했어요. 자금이 돌아야 제작을 원활히 할 수 있었기 때문에 처음으로 시도해본 것이었죠. 다행이도 EMI 측이 제 의도를 잘 이해하고 받아줬어요. 덕분에 큰 힘이 됐고, 정말 감사할 따름입니다."

이렇게 선급금의 변제 방식을 바꾼 것은 회사 운영에 큰 힘이 되었다. 자금 흐름이 보다 원활해졌으며, 급기야는 선급금의 악순환까지 끊을 수 있었다. 하지만 양민석 대표는 이를 형의 공로로 돌린다.

"그때 형이 몰방한 가수들이 한 명이라도 실패했다면 모든 게 수포로 돌아갔을 가능성이 커요. 형은 자신이 제작하는 가수 및 앨범에 대한 자신감이 확고했고, 저는 형의 감을 믿었어요. 형이 제작한 가수들은 계속해서 훌륭한 콘텐츠로 호평을 받으며 성공가도를 달렸고, 2003년부터는 선급금을 받을 이유가 없어졌어요."

이로 인해 회사가 한 단계 올라설 수 있었고, 회사뿐 아니라 소속 가수들까지도 인기와 부를 챙길 수 있었다고 한다. 2003년 이후부터 YG는 자금이 순탄하게 도는 선순환 구조로 전환이 되었고, 탄탄한 회사로 자리매김하게 되었다.

5

크고 위대한 대폭발,
빅뱅

이건 지디도 방송에서 한번 했던 얘기인데, 내가 일본에 가 있을 때 지디가 곡을 쓰기 시작하면서 노래의 일부분을 보내왔다. 소위 싸비 부분이라고 부르는 후렴 부분을 나한테 보냈다. 원래는 지디 솔로를 위해 준비한 곡이었는데. 호텔방에서 그 노래를 듣는데 뭔가 확 전율이 왔다. 한번 듣고서. 바로 지디한테 전화해서 이 노래는 솔로 곡으로 하지 말고 빅뱅 곡으로 하자고 했다. 그렇게 완성된 곡이 〈거짓말〉이었다. 그리고 대박이 터졌다. **- 양현석**

YG는 이후로도 여성 래퍼인 렉시를 데뷔시키고(2003년 10월), 실력 있는 언더그라운드 아티스트를 발굴해 가요계에 데뷔시키는 YG 언더그라운드를 부속 레이블로 설립하는(2005년) 등 다양한 활동을 펼쳤다. 또한 박한별, 구혜선과 같은 연기자를 직접 배출하기도 했다. (2005년 10월에 양현석이 가수와 음반 기획에만 전념하겠다고 밝히면서 연기자 매니지먼트를 그만두는 바람에 박한별의 경우는 소속사가 바뀌긴 했지만, 구혜선의 경우는 계속 남아 YG가 연기자 매니지먼트를 다시 본격적으로 시작할 수 있는 발판이 되어주기도 했다.) 휘성과 거미, 빅마마, 세븐의 활동도 계속 이어졌다.

그리고 2006년 8월 그들이 데뷔했다. 바로 다섯 명의 개성 있는 멤버들로 구성된 '빅뱅(BIGBANG)'이다.

빅뱅은 YG가 오랜 기간 심혈을 기울여 만든 첫 보이그룹으로 준비 기간만 4~5년이 걸렸다. 그들이 데뷔하기 전에 YG는 〈리얼다큐 빅뱅〉이라는 서바이벌 오디션 프로그램을 통해 빅뱅 멤버가 구성되는 과정을 소개했고, 덕분에 많은 사람들이 빅뱅이 완전체로 데뷔하기 전부터 관심을 가질 수 있었다. 이를 두고 양현석 회장은 이렇게 설명했다.

"빅뱅이 나왔을 때도 YG의 매니지먼트 능력은 대단하지 않았다. 힘 없는 중소기업이어서 걱정도 됐다. 이 친구들을 방송에 자주 내보내야 되는데 방송을 많이 시켜줄 자신도 없었다. 새로운 기획이 절실했다. 그래서 아이디어를 짜내 평소 알고 지냈던 방송국 국장님을 찾아가 내 아이디어를 설명했다. 다른 방송국 간부들에 비해 깨어 있던 분이다. 가서 기존 시스템 안에서 경쟁하는 것 말고 다른 걸 해보고 싶다, 회사의 돈을 들여서라도 새로운 것을 시도해보고 싶다고 했다. 왜냐하면 인터넷이 활성화된 이후로 가요 프로그램을 생방송으로 보는 시청자들은 갈수록 줄고 있다. 다들 편하게 자기가 원하는 가수의 영상을 볼 뿐이지, 좋아하는 가수를 보기 위해 몇 시간씩 기다리는 세태는 지나갔다. 그런 뉴미디어의 흐름을 타고 갔다고 생각한다."

이 서바이벌 오디션에는 지드래곤, 태양, 탑, 대성, 승리, 장현승 등

YG Story 2 • 역발상으로 판을 바꾸다

총 여섯 명이 참여했다. 지드래곤(G-Dragon, 본명 권지용)과 태양(본명 동영배)은 2000년 초등학교 6학년 시절부터 YG에 연습생으로 소속되어 있었고, 탑(T.O.P, 본명 최승현)은 홍대의 한 클럽에서 공연하는 모습을 우연히 보게 된 양현석이 발탁해 YG 연습생이 되었다. 대성(본명 강대성)은 어렸을 때부터 연예인의 꿈을 꾸고 문화방송 산하 MBC 아카데미를 오랜 기간 수강하며 실력을 쌓아오다가 YG가 주최한 오디션에 합격하며 YG 연습생이 되었다. 승리(본명 이승현)는 중학교 시절부터 '일화'라는 댄스 팀에서 활동하던 광주의 유명한 춤꾼으로 대성과 마찬가지로 YG 오디션에 참가해 YG 연습생이 되었으며, 장현승 또한 대성과 승리처럼 가수 데뷔를 꿈꾸며 YG 오디션에 응모해 YG 연습생이 된 케이스였다.

1차 서바이벌 오디션을 통해 정해진 빅뱅의 멤버는 지드래곤, 태양, 탑, 대성까지 총 네 명이었다. 하지만 2차 서바이벌 오디션을 통해 최종적으로 승리가 다섯 번째 멤버로 합류하게 되었다. 여기서 탈락한 장현승이 후에 큐브엔터테인먼트로 옮겨 현재 비스트(Beast)의 멤버가 된 사실은 꽤나 유명하다.

이렇게 탄생한 YG의 첫 아이돌 그룹은 기존의 아이돌과는 확연히 달랐다. 훤칠하고 잘생긴 외모로 립싱크를 주로 하던 기존의 남자 아이돌과는 달리 가창력과 음악성을 앞세워 개성 있는 음악과 무대를 선보인 것이다. 싱글 1집부터 멤버들 모두 작사, 작곡에 참여한 만큼 이미 아티스트적 면모를 지니고 있었고, 외모 또한 다섯 멤버가 모두 눈에 띌 만큼 잘생기고 멋있는 건 아니었지만 무대에서만큼은 그 누구보다 화려하고 눈에 띄었다.

　하지만 오랜 기간 YG에서 준비한 첫 번째 보이그룹치고 데뷔 성적이 썩 좋은 편은 아니었다. 데뷔곡 〈라라라(La La La)〉를 통해 대중에게 어느 정도 이름을 알리긴 했지만, 새 바람을 일으키지는 못했다. 심지어 이들의 외모를 두고 말도 많았다.

　"YG 가수들의 외모에 대한 얘기는 항상 나왔던 것 같다. 빅뱅 때도 초반에 욕을 굉장히 먹었다. 애들을 아이돌이라고 소개하기도 뭐 하고, 뮤지션이라고 소개해도 문제고. 나이가 어리고 춤을 추기 때문에 아이돌이란 수식어가 달리긴 했다. 그런데 탑을 빼고는 무슨 아이돌이 생긴 게 그러냐며 손가락질을 당했다. 이게 무슨 아이돌이냐, 미쳤냐, 니들은 집에서 거울도 안 보냐는 식으로."

　양현석 회장은 이렇게 회고했다. 그렇게 빅뱅은 다음 기회를 기다려야 했다. 공교롭게도 이 시기에 휘성과 빅마마가 YG와 엠보트의 계약 관계가 종료되면서 소속사를 떠나게 되었다(이와 함께 YG와 엠보트 간의 공동 프로젝트도 끝이 나고 두 회사의 사업적 관계도 종료되었다). 그렇다 보니 외부에서는 YG 위기설이 불거지기도 했다. 하지만 양현석은 걱정하지 않았다. 빅뱅을 믿었기 때문이다.

　"그 당시 휘성과 빅마마가 나가면서 사람들이 YG에 위기가 왔다고 여기저기서 떠들었다. 이런 말 하면 거짓말 같겠지만 나는 걱정하지 않았다. 준비하고 있던 친구들이 있었기 때문이다. 빅뱅과 투애니원이다. 물론 빅뱅이 처음부터 잘되지는 않았다. 한 2년 정도? 하지만 나는 이 친구들이 갖고 있던 실력과 내재된 재능을 믿고 있었기 때문에

빅뱅은 YG가 오랜 기간 심혈을 기울여 만든
첫 보이그룹으로 준비 기간만 4~5년이 걸렸다.
서바이벌 오디션 프로그램을 통해 빅뱅 멤버가
구성되는 과정을 소개했고, 이렇게 탄생한 YG의
첫 아이돌 그룹은 기존의 아이돌과는 확연히 달랐다.

걱정 안 했다. 꾸준히 열심히 하면서 대중이 알아주기 시작했다. 나는 이 친구들을 몇 년 동안 봐와서 잘 알고 있는데 대중은 잘 몰랐으니 시간이 걸린 것이다."

빅뱅 멤버들이 갖고 있던 실력과 내재된 재능을 믿고 있었던 양현석은 걱정하지 않았다. 많은 싱글을 냈고, 그러면서 팬들이 점차 늘어나고 있었다. 그리고 마침내 이름 그대로 '빅뱅(Big Bang)'의 순간이 다가왔다.

2007년 여름, 빅뱅은 미니 앨범 《올웨이즈(Always)》를 들고 돌아왔다. 타이틀 곡은 〈거짓말〉. 하지만 빅뱅은 거짓말이 아닌 진짜 '인기 대폭발'을 경험하게 되었다. 지드래곤이 작사·작곡을 하고 용감한형제가 편곡한 〈거짓말〉은 떠나간 여인을 그리는 노래치고는 밝고 경쾌했으며 가사와 멜로디가 착착 와 감겼다. 게다가 누구나 따라할 수 있는 패션 스타일에 자유분방하게 무대를 누비는 모습 또한 신선했다. 덕분에 그해 하반기 가요계 점령은 물론, 10대 청소년들의 패션 스타일까지 점령해버렸다. 당시 이들이 신고 나온 하이탑 슈즈는 10대 청소년들에게는 필수 아이템이었다.

"이건 지디(GD, 지드래곤)도 방송에서 한번 했던 얘기인데, 내가 일본에 가 있을 때 지디가 곡을 쓰기 시작하면서 노래의 일부분을 보내왔다. 소위 싸비 부분이라고 부르는 후렴 부분을 나한테 보냈다. 원래는 지디 솔로를 위해 준비한 곡이었는데. 호텔방에서 그 노래를 듣는데 뭔가 확 전율이 왔다. 한 번 듣고서. 바로 지디한테 전화해서 이 노래는 솔로 곡으로 하지 말고 빅뱅 곡으로 하자고 했다. 그렇게 완성된 곡

YG는 다르다

이 〈거짓말〉이었다. 그리고 대박이 터졌다."

양현석이 밝히는 〈거짓말〉의 탄생 비화다. 빅뱅은 〈거짓말〉을 통해 '아이돌' 하면 떠오르는 기존의 정형화된 틀을 완전히 벗어던졌다. 열정적으로 노래하고 자유롭게 무대를 누비는 그들의 모습은 풋풋함과 패기가 넘치는 청년들 모습 그대로였다.

이후 빅뱅은 〈마지막 인사〉, 〈하루하루〉, 〈붉은 노을〉 등 나오는 노래마다 인기를 얻으며 YG의 간판스타이자 명실상부 대한민국 최고 그룹이 되었다. 2009년에는 한국에서의 인기를 발판으로 일본 시장에 진출했는데, 진출한 첫 해에 일본의 굵직굵직한 주요 음악시상식에서 신인상이란 신인상은 죄다 휩쓰는 기염을 토하며 현재도 많은 인기를 누리고 있다. 하지만 아직도 이들은 성장 중이다. 양현석 대표는 말한다.

"빅뱅은 자가형 아이돌이라고 할까, 자기 스스로 곡을 만들고 하는. 아티스트와 아이돌의 경계에 있는데 점점 아티스트로 기울고 있다."

빅뱅의 엄청난 성공으로 인해 YG의 위상은 한층 더 높아졌다. 하지만 양현석에게는 이제 시작에 불과했다.

6
아름다운 재능과 열정, 투애니원

> 투애니원은 내가 좋아하는 음악과 콘셉트로 꼭 한 번 해보고 싶었던 팀을 온전한 내 스타일로 만든 경우다. 투애니원이 일반 걸그룹들처럼 섹시 코드나 얼굴로 인기를 끈 것이 아니라 음악으로 승부하는 팀이라는 점은 누가 뭐래도 자신 있게 말할 수 있다. 주변 사람들의 말을 들어봐도 노래를 좋아해서 팬이라고 한다. 내가 느끼기에는 투애니원의 히트곡이 그들이 데뷔한 연차에 비해서 굉장히 많다. 싱글 프로모션이 많았기 때문이다. 해외투어도 꽤나 많이 했다. 이렇게 걸그룹이 월드투어를 도는 경우는 국내에서 예를 찾기 어렵다. **- 양현석**

2009년 3월, 빅뱅은 한 걸그룹과 함께 〈롤리팝(Lollipop)〉이라는 디지털 싱글을 발표했다. 원래 이 곡은 한 휴대전화의 CM송으로 발표되었지만 곧 각종 음원사이트를 점령하게 되었고, 빅뱅과 같이 노래를 부르며 휴대전화 CF에 나오는 걸그룹도 함께 주목을 받게 되었다. YG에서 7년 만에 야심차게 내놓은 두 번째 걸그룹, 바로 '투애니원'이다.

사실 YG는 2002년에 안내영, 성미현, 이은주로 구성된 3인조 걸그룹, 스위티(SWI.T)를 데뷔시킨 적이 있다. 4년의 준비기간 끝에 양현석이 프로듀싱한 앨범을 들고 데뷔한 스위티는 힙합 느낌이 강한 타이틀 곡 〈아일 비 데어(I'll Be There)〉와 밝고 경쾌한 후속 곡 〈에브리바디 겟 다운(Everybody Get Down)〉으로 얼굴을 알리며 대중의 눈도장을 찍는 데는 성공했지만, 이후 멤버들 사정으로 팀이 해체되는 바람에 데뷔 앨범을 끝으로 활동을 접고 말았다(당시 젝스키스의 이재진의 여동생으로 널리 알려지며 눈길을 끈 스위티의 멤버 이은주는 현재 양현석 회장의 부인이다).

씨엘, 산다라 박, 박봄, 공민지 네 명으로 구성된 투애니원은 빅뱅이 데뷔하던 시절 즈음에 이미 기획되고 있었다. 양현석 회장에 말에 의하면 빅뱅과 똑같이 준비했다고 한다. 투애니원 멤버들은 (막내를 제외하고) 4~5년간 특별한 스케줄이 없으면 하루에 12시간씩 트레이닝을 받으며 데뷔 준비를 했다. 양현석은 투애니원이라는 팀명이 정해지기도 전에 YG에서 힙합하는 걸그룹을 내보낼 것을 예고했고, 온라인상으로 멤버들 사진이나 동영상을 공개하기도 했다. 그래서 투애니원은 데뷔 전부터 관심을 받으며 '여자 빅뱅'이라고 불리기도 했다.

공개된 멤버들의 면면은 알고 보니 참 화려했다. 메인 보컬인 박봄은 이미 이효리, 에릭과 함께한 뮤직비디오 형식의 모 휴대폰 광고에서 '가짜 이효리' 역할을 맡아서 이미 대중에 알려진 얼굴이었고, 서브 보컬인 산다라 박은 필리핀의 인기 스타였다. 뛰어난 춤 실력을 자랑하는 공민지는 인간문화재로 지정된 한국 무용가 고(故) 공옥진 여사의 손녀였으며, 팀의 리더이자 뛰어난 랩 실력을 자랑하는 씨엘은 물리학자인 서강대 이기진 교수의 딸로 무려 4개 국어를 할 줄 아는 다재다능한 아티스트였다.

2009년 4월 말일, 양현석은 빅뱅과 함께한 디지털 싱글로 대중에게 얼굴을 알린 투애니원의 정식 데뷔 날짜를 공개했으며, 다음 달인 5월 6일 투애니원은 〈파이어(Fire)〉라는 디지털 싱글을 발매했다. 그리고 일대 폭풍이 몰아쳤다.

요즘에야 '여신'이라는 말이 심심치 않게 들리지만, 당시의 걸그룹들은 대개 '요정'으로 지칭되었다. 에스이에스, 핑클 이후 걸그룹들은 예쁘고 귀엽고 청순한 이미지를 고수해왔다. 거기서 조금 발전되어 성숙한 여인의 모습을 보여주는 것이 2000년대 중반 이후 아이돌 걸그룹들의 모습이었다. 하지만 투애니원은 달랐다. 〈파이어〉를 들고 나타난 투애니원은 요정, 여신과는 거리가 멀었다. 오히려 여전사 이미지에 가까웠다. 노래 자체도 말랑말랑한 사랑 노래가 아닌, 미래지향적이고 자유로운 감성을 추구하는 힙합 풍의 비트 강한 노래였다. 그야말로 '불' 같았다. 그리고 대중의 반응도 '불' 같았다. 노래가 발표되자마자 각종 음원 차트를 섭렵했고, 뒤이어 7월에 발매된 미니 앨범 1집은 초동 판매량만 5만 장에 달했다.

〈파이어〉에 이어 발표된 후속곡들 〈프리티 보이(Pretty boy)〉와 〈인 더 클럽(In the club)〉도 연이어 사랑을 받았고, 하반기에 발표한 〈아이 돈 케어(I Don't Care)〉가 다시 한 번 빅 히트를 치며 확실하게 그 존재감을 알렸다. 단순히 그룹 활동뿐 아니라 데뷔한 지 얼마 안 되는 신인 걸그룹치고는 이례적으로 다양한 유닛 활동을 선보이기도 했다.

〈아이 돈 케어〉 발표 전까지 산다라 박의 〈키스(Kiss)〉, 박봄의 〈유 앤 아이(You & I)〉, 씨엘·공민지의 〈플리즈 돈 고(Please Don't Go)〉를 연이어 선보이면서 멤버 각자만의 개성과 매력을 확실히 어필하며 이들이 여전사의 이미지뿐 아니라 여성적이고 성숙하고 귀여운 매력까지 두루 갖추고 있음을 보여주기도 했다. 이런 활동에 힘입어 하반기에 각종 음악상의 신인상을 수상하는 등 2009년은 그야말로 투애니원의 해가 되었다.

개성 있는 힙합 여자 아이돌 그룹, 투애니원의 등장은 당시 걸그룹의 틀을 깨버린 사례였다. 이에 대해 부정적인 전망을 하는 기사들도 많이 쏟아졌다. 하지만 양현석은 자신 있었다.

"내가 다 못났는데 이거 하나는 잘했던 것 같다. 워낙에 얼리어답터인데다 인터넷을 통해 여러 사람 의견을 일찍부터 보고 대중의 마음을 읽는 데 공을 들이니까. 내가 제일 먼저 만든 여성 그룹은 빅마마다. 빅마마 역시 기존의 틀하고 달랐던, 가요계에 외모 지상주의가 지배적이었던 시절에 그런 그룹을 만들었으니, 완전히 역발상이었다. 물론 빅마마는 YG스럽다고 하기에는 조금 무리가 있다. 힙합이 아니기 때문이다. 투애니원은 내가 좋아하는 음악과 콘셉트로 꼭 한 번 해보고 싶었던 팀을 온전한 내 스타일로 만든 경우다."

그리고 그의 자신감은 통했다.

"투애니원이 일반 걸그룹들처럼 섹시 코드나 얼굴로 인기를 끈 것이 아니라 음악으로 승부하는 팀이라는 점은 누가 뭐래도 자신 있게 말할 수 있다. 주변 사람들의 말을 들어봐도 노래를 좋아해서 팬이라고 한다. 내가 느끼기에는 투애니원의 히트곡이 그들이 데뷔한 연차에 비해서 굉장히 많다. 싱글 프로모션이 많았기 때문이다. 해외투어도 꽤나 많이 했다. 이렇게 걸그룹이 월드투어를 도는 경우는 국내에서 예를 찾기 어렵다."

그러면서 양현석은 투애니원이 예쁘다고 말한다.

"재능 있고 열심히 하는 가수들을 보면 정말 예쁘다. 저마다 개성이 뚜렷할 때는 그렇다. 투애니원의 멤버 한 명 한 명의 재능과 열정은 보면 볼수록 예쁘고 아름답다."

실제로도 그렇다. 무대 위에서 그녀들은 참으로 멋지고 아름답게 빛난다. 저마다 가진 개성을 한껏 뿜어내면서도 또 한데 어우러지면서 색다른 매력을 자아낸다. 그렇기에 지금까지도 많은 사람이 투애니원을 사랑하는 것이 아닐까. 어쩌면 투애니원이야말로 진짜 '아름다운 걸그룹'인지도 모른다. 이렇게 YG는 새로운 도전에서 또 한 번 성공을 거두었다.

빅뱅과 투애니원을 모두 최고의 자리에 올려놓으면서 YG는 이제 대한민국 연예계에서 자타가 공인하는 최고의 기획사가 되었다. 아마 여기까지를 YG의 초기 개척사라고 볼 수 있을 것이다. 돌이켜보면 그 위치에 오기까지 YG에 항상 좋은 일만 있었던 것은 아니었다. 내부적인 평가든 외부적인 평가든 위기라고 할 만한 상황들이 분명 있었다. 하지만 양현석은 그럴 때마다 위기라고 생각하기보다는 오히려 좋은 기회라고 생각했다. 휘성이나 빅마마가 떠났을 때도 그랬다.

"사람이다 보니 내가 할 수 있는 일에 한계가 있다고 생각한다. 당연한 일이지 않나. (헤어진 건 아쉬운 일이지만) 휘성, 빅마마한테 할애할 시간을 빅뱅에 올인할 수 있었기 때문에 빅뱅이 잘되지 않았나 긍정적으로 생각한다. 내 성격이 긍정적이고 낙천적이라, 일이 잘되려고 그랬나 보다고 생각한다."

어쩌면 YG의 열정과 도전의 역사 뒤에는 양현석의 긍정성과 낙천성, 자신감의 역사도 숨어 있는지도 모르겠다. 긍정적이고 낙천적인 마인드가 열정과 도전의 산물들을 만들어낼 수 있는 원동력이 된 것이다. 그리고 이를 바탕으로 한 YG의 도전과 변화는 이후로도 계속되었다.

YG에서 7년 만에 야심 차게 내놓은

두 번째 걸그룹 투애니원은 요정이나 여신과는 거리가 먼,

자유로운 감성을 추구하는 개성 있는 힙합 여자 아이돌 그룹이었다.

'여자 빅뱅'이라고 불리기도 했던 투애니원의 등장은

당시 걸그룹의 틀을 깨버린 사례였다.

세계가 인정하는 '삐딱한' 자신감
지드래곤

/ 지드래곤, 열정으로 시작해 열풍으로 성장하다 /

2014년 봄. 미국은 물론 세계적으로도 가장 유명한 아티스트 스크릴렉스(Skrillex)가 새 앨범 《리세스(Recess)》를 발표하자 음악계는 한껏 달아올랐다. 스크릴렉스가 누구인가? 2012년과 2013년, 그래미 어워드(Grammy Awards)에 무려 8개 부문이나 노미네이트되고, 그중 6개를 쓸어 담은 말 그대로 세계 팝음악계의 신성이자 미래가 무척 기대되는 젊은 스타 중 하나다. 그의 앨범은 발매되자마자 세계 팝음악 인기 순위의 바로미터라고 할 수 있는 아이튠즈(iTunes) 앨범 차트에서 1위를 기록했다.

그런데 한국의 음악 팬들은 그의 앨범에서 반가운 이름을 발견할 수 있었다. 바로 빅뱅의 지드래곤과 투애니원의 씨엘이었다. 앨범 수록곡 중 〈더티 바이브(Dirty Vibe)〉에 피처링으로 지드래곤과 씨엘이 참여한 것이었다. 더 놀라운 것은, 비슷한 시기에 팝스타 퍼렐 윌리엄스(Pharrell Williams)를 비롯한 수많은 유명 팝 아티스트들이 지드래곤과의 친분을 자신의 SNS에 과시하거나, 향후 함께 앨범 작업을 하고 싶은 아티스트로 지드래곤을 우선적으로 꼽기 시작했다는 사실이다. 실상 이런 징조는 오래전부터 감지되고 있었다.

2013년 가을. 지드래곤이 정규 2집 앨범인 《쿠데타》를 발표하자 국내 음원, 음반 차트는 한바탕 난리가 났다. 앨범의 전 곡이 차트의 상위권을 완전히 점령해버렸고, 특히 타이틀 곡이었던 〈삐딱하게〉는 미국 음악전문 채널인 'MTV IGGY'에서 선정한 '2013년 올해의 곡(MTV IGGY's Song of the Year)'으로 선정되었다. 그뿐 아니었다. 국내 가수 최초로 빌보드(Billbord) '2013 Year End Chart' 중 월드 아티스트 앨범의 연간 차트 9위에 오르기도 했다. 유력 일간지인 『뉴욕타임스(New York Times)』를 비롯한 유수의 언론들이 그가 부른 노래의 글로벌한 감각과 세련된 편곡을 칭찬하기에 바빴고, 수많은 스타가 그의 노래와 앨범 재킷을 자신의 SNS에 올려 공유했다.

이 같은 상황에서도 지드래곤은 여전히 새로운 영역에 도전하기 위해 자기 자신을 독려하고 있다. 결코 한곳에 멈춰서 있지 않고, 음악에 있어서나 퍼포먼스에 있어서나 늘 새로운 것, 더 나은 것을 추구하고 있다. 어제의 지드래곤보다 오늘의 지드래곤이, 오늘의 지드래곤보다 내일의 지드래곤이 더 기대되는 이유다.

여전히 최고를 향해, 새로운 영역을 향해 질주해가는 지드래곤과 함께 그의 삶과 음악, 그리고 YG에 대한 이야기를 나눠보았다.

/ 지드래곤, 그리고 지용 /

일거수일투족이 대중에게 노출된 무대 위 스타의 삶이 힘들지는 않은가?

무대에 대한 두려움이나 긴장, 공포심은 어렸을 때부터 없었어요. 빅뱅은 방송보다 콘서트 위주로 활동하니까 무대에 서는 걸 두려워해서도 안 되고, 이미 익숙해져 있어요. 투어 공연의 경우는 좀 고생스럽긴 한데, 세상에는 투어하고 싶어도 못하는 가수들이 참 많잖아요. 그런 걸 생각하면 그 정도 고생은 오히려 감사한 거죠. 물론 신체적으론 힘들고 피곤할 수는 있어요. 하지만 가수들끼리 "우리는 무대 중독이다"라고 말하는 게 다 이유가 있어요. 저는 아무리 힘들어도 무대에만 올라가면 기를 받아요. 수많은 관객이 저만 보고 있으니까요. 화보나 뮤직비디오를 찍을 때도 마찬가지예요. 숱한 스태프들이 저만 보고 일하는데 제가 몸 상태가 별로라고 위축되어서는 안 되잖아요. 실제로 제가 스태프나 관객들의 기를 뺏으면 화보나 공연도 잘 나오고, 반대로 제가 불편하고 떨려서 기가 죽어 있고 기를 뺏기면 만족스런 결과물이 나오지 않더라고요. 그런데 어찌되었건 저는 무대에 올라가면 기를 받아요. 몸 아픈 것도 괜찮아지고요. 그래서 다른 가수 분들도 열심히 무대에 서는 것 같아요.

지드래곤이 아닌 지용으로서의 삶은 어떤가?

투어 동안에 하는 길거리 쇼핑은 빅뱅 멤버들도 다 좋아하고, 저도 즐겨요. 저는 특히 옷을 좋아하는데요, 투어하는 국가들마다 특색이 다 다르니까 주요 패션 거리를 한 번씩 들러보는 편이에요. 공연을 마치고 진짜 힘들 때 혼자서 하는 재충전 방법은 엄청 간단해요. 반신욕을 하며 보고 싶은 영화나 드라마를 보면서 아무 말 안 하고 가만히 10~15분 있는 거예요. 그러면 충전이 돼요. 평소에는 낮과 밤을 거꾸로 살아요. 저희 회사 사람들은 거의 다 그래요. 그래서 월드투어나 공연할 때는 일찍부터 컨디션을 조절하죠. 그런데 원래 잠이 아주 많은 편이어서 생각보다 투어 전 컨디션 조절은 잘돼요. 어쨌든 음악을 하는 사람들은 이상하게 아침에 아무것도 생각나지 않아요. 아침에는 바보처럼 멍하죠. 저녁이 되어서 일어나고, 새벽 두세 시에는 일하거나 놀거나 동료들과 얘기를 나누는데, 대여섯 시 되면 뭐가 나와요. 버릇이 잘못든 건지 모르겠는데, 이상하게 아침이 밝아올 때쯤 뭔가 생각이 나요. 그리고 매일 오후 네댓 시에 일어나고. 그게 반복되니 몸이 힘들죠. 여기 패턴이 그래요. 아무리 새벽 두세 시에 와도 여기선 다 작업하고 있기 때문에 당연하게 느껴져요. 그래서 다른 일반 친구들과 잘 못 만나죠. 생활 패턴이 아예 다르니까요. 어쩔 때는 잠을 안 깨고 이틀, 사흘도 자요. 항상 잠을 많이, 푹 자는 걸로 컨디션을 조절합니다.

워낙 어린 나이에 데뷔한 탓도 있겠지만, 다른 스타들에 비해 유독 데뷔 전 어린 시절 이야기가 많이 안 알려진 편이다. 어린 시절에 특별히 기억나는 일은 없나?

저는 이상하게도 어린 시절 기억을 잘 못해요. 어머니가 "어, 아기 때 여기 오면 아주 좋아했잖아?"라고 하시면 기억이 나야 하는데, 전혀 모르겠어요. 부모님이 옛날 사진을 보여주셔도 "내가 진짜 이랬나?" 싶은 모습들이 많아요. 어릴 때는 아역으로 연기도 좀 했어요. 아역배우들이 밟는 코스들 아시죠? 얘기하기 부끄러운데 〈뽀뽀뽀〉 출연도 하고 연기학원도 다녔어요. 당시만 해도 어린아이들이 연예계 쪽 일을 하는 경우가 별로 없어서 아역 코스란 게 있었대요. 오디션 보러 가서는 단역으로 캐스팅돼서 아역배우로 활동했었죠. 그런데도 그때 기억이 별로 없어요. 어머니는 "지용이는 음악이나 옷 등 자기가 관심 있는 것에만 철저하게 집중하니까 그렇지 않은 부분들은 잘 기억하지 못하는 것 같다"라고 말씀하세요. 그래서인지 어릴 때 기억이 잘 없어요. 그래도 제가 막내로 예쁨 많이 받고 자란 건 잘 알아요. 부모님이 지금의 저를 많이 자랑스러워하시는 게 얼마나 기분 좋은데요. 철이 들수록 저도 가족들에게 더 잘하려고 애 쓰고 있고요. 저희 가족은 친구 같아요. 아빠와도 친구 같고, 엄마와 누나랑도 친구처럼 지내요. 가족이 화목하게 산다는 것이 참 행복해요. 열세 살 때부터는 가사를 많이 썼고, 열예닐곱 살 무렵부터는 곡을 만들기 시작했어요. 가사를 처음 쓴 건 아마 초등학교 4학년 때인가 그래요. 그 시절에는 가사를 쓰면서 외국 랩을 따라 했어요.

YG는 다르다

/ 지드래곤, 타고난(Natural Born) 탐미주의자 /

음악도 음악이지만, 사람들에게 지드래곤은 패션 아이콘이자 미식가로도 유명
할 정도로 탁월한 미(美) 의식을 보유한 것 같다. 본인에게 있어 패션이란?

음악과 더불어 패션은 저를 표현하는 방법 중 하나예요. 단 음악처럼 패션도
좋은 옷, 나쁜 옷 이런 구분은 하지 않아요. 그날그날 제 기분에 따라 제 감성
을 외부에 드러내고 표현하는 수단 중 하나죠. 나를 잘 표현할 수 있는 수단.
그게 바로 제 패션이에요. 특별히 명품을 선호하거나 아끼는 브랜드가 따로
있지는 않아요. 그냥 제가 봤을 때 느낌이 오고 입어보고 싶다는 생각이 드는
옷들을 골라요. 예전에는 명품이라서 더 괜찮다고 느낄 때도 있었는데, 지금
은 그냥 브랜드와 상관없이 제가 봐서 예쁜 옷들을 매치시켜요. 특히 요즘엔
제가 원하는 스타일로 만들어 입는 경우가 부쩍 늘었어요.

그렇게 겸손하게 말하지만 지드래곤의 패션감각은 디자이너나 모델들도 탄복
하게 만드는 힘이 있다. 어떻게 그럴 수 있었나?

어머니가 어릴 때부터 옷을 집에서 직접 만들어주시곤 했어요. 저는 어려서부
터 옷을 튀게 입고 다니는 걸 좋아했는데, 어머니께서 직접 옷을 만들어서 그
런 느낌이 잘 드러나게 해주셨어요. 그러다 보니 옷을 개성 있게 입는다는 것,
패션이라고 하기에는 좀 그렇지만, 어쨌든 옷 입는 걸 일찍부터 좋아하게 되었
나 봐요. 제가 직접 옷을 만드는 건 아니지만, 스타일리스트 분에게 어떤 디자
인을 설명하면 잘 만들어주세요. 때론 제 이름을 써 넣기도 하고, 이것저것 해
보고 있어요. 스타일리스트 분이 매우 잘해주시니까 제가 샘플을 드리고 제가
원하는 걸 설명하고 상의하는 정도에요. 어릴 때부터 그림 그리는 것을 좋아해
서 그림으로 설명하기도 해요.

지드래곤처럼 감각적인 패셔니스타가 되고 싶어 하는 사람들에게 조언을 해준다면?

옷을 잘 소화하려면 일단 자신감부터 가져야 한다고 생각해요. 처음 입는 옷일지라도 남들에게는 처음 입은 옷같이 안 보이는 자신감이 필요해요. 그리고 뭐든 많이 입어봐야 해요. 그래야 자신에게 잘 맞는 걸 알 수 있거든요. 저희 회사 사람들은 바지를 너무 많이 내려서 입는데, 자칫 흉해 보일 수도 있어요. 속옷이 다 보이니까요. 그런데 버릇이 될 때까지 입으면 자신을 갖게 돼요. 저마다 다른 체형 속에서 자기에게 맞는 라인과 각이 있는데, 계속 입다 보면 그 각을 찾게 되고 어울리는 패션이 나와요. 저도 옷을 잘 입는다는 게 어떤 건지는 잘 모르는데, 아무튼 본인에게 잘 맞춰 입는 것이 중요한 것 같아요. 장소와 분위기에 어울리는 옷을 고르는 감각도 필요하고요. 자신이 처한 상황과 환경에 잘 어울릴 수 있다면 그게 좋은 선택이고 패션감각인 거죠.

지드래곤이 디자이너로 데뷔하거나 자신의 이름을 딴 브랜드를 출범시킬 것이라고 예상하는 사람들도 있다. 기대해도 좋은가?

패션을 좋아하니까 프랑스의 파리패션위크는 해마다 갔어요. 앞으로도 여건이 허락된다면 꼭 갈 거예요. 또 파리에서 큰 패션 행사가 열릴 때마다 초청들을 많이 해주셔서 기쁜 마음으로 받아들이고 있어요. 그렇다고 패션 쪽 일을 전문적으로 하고 싶은 건지는 아직 저도 잘 모르겠어요. 한 분야에서 성공하기가 얼마나 어렵고 힘든지 매우 잘 알거든요. 게다가 제가 옷을 정말 좋아하고 사랑해서 오히려 시작을 못할 것 같아요. 제가 어릴 때부터 음악으로만 한 길을 걸어서 여기까지 온 것처럼, 패션에 목숨 건 분들이 얼마나 고생하면서 지금과 같은 성공을 거두셨는지 조금은 짐작할 수 있는 만큼 쉽게 결정 내리지는 못할 것 같네요.

지드래곤이라고 하면 미식가로도 유명하다. 어떤 음식들을 즐겨 먹는가?

제가 맛있는 음식을 먹으러 다니는 걸 진짜 좋아해요. 요즘에는 맛있는 스시 (초밥)를 즐겨먹는 편이에요. 제게 잠깐 여유 시간이 생겼을 때의 즐거움이라면, 좋은 스시집을 찾아가는 거예요. 일본에 공연을 갔을 때는 물론이고 서울에도 훌륭한 스시집들이 많아서 행복해요. '서울 스시 칼럼'을 쓸 수 있을 것 같다는 생각이 들 정도로 자주 먹으러 다니는데, 계절 따라 이런저런 스시 재료들이 다양하게 바뀌는지라 아직은 질리지 않아요. 자주 찾는 가게마다 잘하는 게 다른데, 저는 고등어를 좋아하는 편이에요. 서울에서 제가 자주 가는 스시집은 세 군데 정도예요. 저 스스로 그 가게마다 별점을 주기도 하는데, 채점 기준을 말하자면 음식점 분위기와 코스 구성의 짜임새, 그리고 신선도가 아주 중요해요. 스시를 먹으러 가면 가급적 다찌(조리사 앞의 바 형태로 된 테이블)에 앉아서 먹어요. 나오는 스시 종류마다 주방장 분께 하나하나 다 물어보는 재미가 있어요. 주방에서 요리하는 모습도 다 지켜보고요. 제가 왜 스시를 좋아하냐면요, 음식을 고르는 첫 번째 기준 역시 미(美)라서 그래요. 옷도 그렇고, 보기에 아름다워 보이는 것들에 관심이 많거든요. 그만큼 제게는 미에 대한 관점이 아주 중요해요.

/ 지드래곤에게 YG는, YG에게 지드래곤은 /

이제 지드래곤 하면 YG, 그리고 YG 하면 곧 지드래곤이 연상될 정도로 YG와는 떼려야 뗄 수 없는 관계가 된 듯하다. YG 양현석 회장과의 첫 만남은 어땠나?

양현석 회장님을 처음 만난 건 제가 열세 살 때예요. YG가 이렇게 커지기 전, 건물 지하에 연습실과 사무실을 임대해 있을 적부터 뵈었으니 벌써 10년이 훨씬 넘은 인연이네요. 그때는 〈K팝 스타〉 같은 요즘 TV 프로그램에 출연한 양현석 회장님의 모습만 보신 분들이라면 쉽게 상상하기 어려울 정도로 매우 엄하고 칭찬도 잘 안 하시는 편이었어요. 결혼을 하고 아이들이 생기면서 많이 부드러워지셨죠. 그런데 알고 보면 사실 원래 정이 많은 분이고, 친해지면 매우 재미있는 분이에요. 농담도 좋아하시고 장난치는 것 역시 좋아하세요.

한때 모 매체 인터뷰에서 YG를 가족에, 양현석 회장을 친형에 비유했다. 어떤 점이 특히 그런가?

지금은 가족과 같이 살지만, 한동안은 숙소 생활을 하며 가족과 떨어져 지냈던 적이 있어요. 어릴 때부터 회사에서 연습하다가 집에 가서 잠만 자고 다시 연습실로 나오는 생활을 반복하다가, 빅뱅으로 데뷔해서는 멤버들과 함께 바쁘게 움직여야 되니까 숙소 생활은 당연한 선택이었죠. 하루 24시간을 늘 함께 땀 흘리고, 음악과 무대를 함께 만들어가니 가족 같은 마음이 안 들래야 안 들 수가 없어요. 요즘은 가족들과 같이 생활하긴 하지만, 앨범 작업을 할 때는 스튜디오에서 살다시피 하는데, YG 구내식당은 집밥처럼 늘 정성껏 차려져 나와요. 그 점도 가족 같은 기분이 들게 하는데 단단히 한몫을 하죠. 양현석 회장님의 경우, 다른 기획사 사장님들에 비해 소속 뮤지션들이 좀 더 편하게 좋은 환경에서 음악을 할 수 있도록 해주는 데 가장 많은 신경을 쓰시는 것 같아요. 거기에 인간 대 인간으로 많은 조언을 해주시기도 하고요. 회장님도 가수를 하셔서 그런지 우리의 환경과 불편함을 가장 먼저 잘 이해해주시고, 무엇보다도 저희가 하는 일들에 대해 많이 믿어주시는 편이에요. 어릴 때는 회장님이 참 무섭기만 했는데, 스무 살이 넘고 성인이 되면서 회장님과 가끔 술도 마시는 친한 형 동생 관계가 된 것 같아서 매우 편해요. 회장님도 저희를 친 가족처럼 대해주세요.

YG는 다르다

/ 지드래곤, 그는 진화한다 /

데뷔 10년차. 지드래곤은 여전히 바쁘다. 아니, 해가 갈수록 몸이 두 개라도 모자랄 지경이다. 인터뷰가 진행되던 무렵에도 지드래곤은 동에 번쩍, 서에 번쩍 신출귀몰하며 그의 활동을 이어가고 있었다. 서울에서 솔로 콘서트를 개최했다는 뉴스가 들려온 다음 날에는 수만 명의 일본 팬들을 불러 모아 일본 투어를 진행했다는 뉴스가 들려오기도 했다. 또 그 다음 날에는 다시 상암 경기장에서 열린 동료가수의 콘서트 무대를 빛내주었다는 소식도 들렸다. 이런 음악적 활동에 그치지 않고 지드래곤은 다양한 영역을 넘나들며 자신의 존재감을 뽐내고 있다. 어떤 날은 가수로서 자신만의 투어 콘서트 무대를 꾸미다가, 또 어떤 날에는 공중파 방송에 등장해서 베테랑 방송인인 정형돈을 들었다 놨다 하며 큰 웃음을 선사하는 예능감을 발산하기도 한다. 그러다가는 또 패션쇼 현장에 등장해서 패션모델보다 더 눈에 띄는 패션감각을 자랑하다가, 또 어떤 날은 며칠을 스튜디오에서 밤을 새며 새로운 음악을 만드는 정상급 프로듀서의 모습을 보여주기도 한다. 그렇기에 지드래곤이 현재까지 이뤄온 것들도 대단하지만, 앞으로 그가 이루어갈 것들도 기대가 된다. 그는 끊임없이 흐르는 중이기 때문이다.

선택하라, 집중하라, 그리고 차별화하라

서로 존중하고 배려하라

오해의 여지를 최소화하라

선택하라, 집중하라, 차별화하라

대중이 늘 정답이다

길게 보고 크게 쏘라

눈에 보이는 숫자에 연연하지 않는다

1
서로 존중하고
배려하라

콘텐츠 개발은 현석 형이 뛰어난 아티스트들, 그리고 유능한 프로듀서들과 상의해서 잘하고 있으니 저는 전적으로 지지하면 그만입니다. 대신에 저는 나름대로 경영관리적 측면에서 의사결정을 합니다. 하지만 회사의 앞날에 영향을 미칠 사안들에 대해서는, 예를 들어 주식상장을 하는 것이 좋겠다 하는 등의 중대한 의사결정에 관해서는 꼭 형에게 의논합니다. 이런 부분에서는 형의 견해가 중요한 영향을 끼치는 게 당연하고요. **- 양민석**

YG가 지누션부터 투애니원까지 터뜨리면서 거대 기획사로 자리를 잡게 된 데에는 YG의 핵심이라고 할 수 있는 양현석 회장의 능력이 절대적이다. 하지만 초기의 어려움을 딛고 양현석 회장이 마음껏 원하는 가수를 기획하고 제작할 수 있도록 뒤에서 물심양면 애쓴 동생 양민석 대표의 공 또한 이에 못지않다.

곁에만 있어달라는 형의 말에 MF기획을 설립할 때 합류한 양민석 대표는, 초기의 YG 살림을 도맡아 하면서 점점 YG의 경영에 있어 중

YG는 다르다

추가 되었다. 형이 제작을, 동생이 살림을 맡아 하는 구조가 계속되면서 YG는 자연스럽게 제작과 경영이 분리가 되었고, 제작에서 형이 큰 역할을 한 만큼 동생 또한 경영에서 자기 몫을 충분히 해냈다. 덕분에 YG는 제작과 경영이 분리된 엔터테인먼트 기업으로 선도적 역할을 할 수 있게 되었다.

사실 양민석 대표는 회사가 어느 정도 안정화된 2003년, 회사를 그만둘까 생각했다고 한다.

"형이 현기획 실패 후 옆에만 있어달라 손을 내밀었을 때 거절을 했다가 3일 만에 마음을 바꾸고 작은형과 가족을 위해서, 모두의 생존을 위해서 열심히 살았어요. 그리고 2003년, YG가 어느 정도 안정되고 나서 이제 회사를 그만두고 내 길을 갈까 싶었어요. 아직 젊었을 때니까요."

하지만 그럴 수가 없었단다. 그러기에는 이미 회사에서 그의 역할이 컸고, 그에 대한 책임감마저 생겼기 때문이다.

"하다 보니까 책임감이 갈수록 커지더라고요. 2002년경 여러 가지로 회사 상황이 좋지 않았을 때 어릴 때 자주 가던 종로 삼청공원에서 친구에게 하소연을 했어요. 회사 경영이 너무 힘들다고, YG에 들어온 선급금이 모두 변제되고 회사가 정상궤도에 올라서면 그만두고 누군가의 수행기사를 하고 싶다고 털어놓은 적이 있었어요. 지금은 그 친구가 웃으며 장난 식으로 '빨리 수행기사 해야지'라고 말하기도 하는데, 그만큼 오늘의 YG가 되기까지 힘들고 어려운 일을 너무 많이 겪었어요. 처음 시작은 가족과 형 때문이었지만, 2004년 이후 회사가 정상궤도에 올라섰을 때는 책임감으로 버텼어요. 돈을 떠나서 형의 피와 땀으로 일군 YG에서 저만 달랑 빠져나오는 것은 너무 무책임한 행동이니까요."

그렇게 양민석은 회사에 남았고, 지금까지 YG의 경영을 맡고 있다. 그렇다면 왜 양현석은 동생에게 곁에 있어달라고 한 것일까? 이에 대해 양민석 대표는 앞서 양현석 회장이 현기획이 실패한 요인 중 하나가 회사 내부 살림에 대한 이해가 전혀 없었기 때문이라는 반성을 했고, 그걸 신경 써줄 사람으로 자신을 지목한 것 같다고 말했다. 이러한 양민석 대표의 생각은 틀리지 않은 듯하다. 양현석 회장은 이렇게 말했다.

"우리가 삼형제인데, 위의 형은 여섯 살 차이가 나서 세대 차가 많이 났다. 그러다 보니 아무래도 형하고 지내는 시간보다는 동생과 지내는 시간이 많았다. 부모님이 동업을 하셔서 아침 8시 정도에 밥만 해놓고 나가시면 동생하고 내가 학교 갔다 와서 빨래하고, 밥해 먹고, 연탄불 갈고, 같이 놀고 그랬다. 안국동 집에서 초등학생 때부터 고등학생 때까지 그렇게 살았다. 근데 둘의 성향이 많이 달랐다. 나는 어렸을 때부터 온 동네 유리창을 깨고 다니는 사고뭉치였는데, 그 뒤처리를 항상 동생이 도맡아 했다. 어떻게 보면 동생이 어렸을 때부터 엄마 역할을 한 것이다. 내가 춤출 때도, 처음에 춤을 배워야 하는데 돈이 없었다. 그런데 동생이 은행에 차곡차곡 모아둔 세뱃돈을 학원비로 쓰라고 주더라. 그렇게 춤을 배웠다. 양민석 대표가 지금 하는 얘기가 '그때 형한테 투자했다'고 한다. 춤출 때 필요한 땀복도 양민석 대

108 _____   YG는 다르다

표가 용돈 모아서 사줬다."

어릴 때부터 동생의 성향을 보고 자신과 회사를 잘 보살펴 줄 것이라는 판단이 들어 동생을 붙잡은 것이다. 그리고 그런 양현석의 판단은 틀리지 않았다. 경영을 맡은 양민석 대표는 형과 회사를 위해 필요한 일이라면 마다하지 않고 열심히 발로 뛰었다.

"회사 경영이 돌아가는 데 꼭 필요한 일이라고 판단되면 무조건 나서서 했어요. 현석 형은 한번 제작에 들어가면 스튜디오에서 밤낮없이 일하는데, 그 작업에 지장을 주지 않으려고 저 나름대로 최선을 다한 거죠. 어떠한 상황일지라도 회사 자금의 흐름에 숨통이 트이도록 만들려는 노력만은 멈추지 않았어요. 돈을 빌려서라도 운영자금을 조달해야 할 경우에는 현석 형에게 말하지 않고 제가 다른 사람에게 가서 고개를 숙이고 돈을 구해 왔어요. 이 생각 저 생각 복잡하게 따지다가는 아무 일도 못하겠더라고요."

덕분에 양현석은 마음 놓고 기획과 제작에 집중할 수 있었던 것이다. 하지만 아무리 친한 사이라도 같이 일하게 되면 여러 가지 예상치 못한 상황에 부딪혀 힘든 과정을 겪고 서로 멀어지기도 한다. 가족이라고 해서 예외는 아니다. 오히려 "가족끼리 어떻게 이럴 수 있어?" 하며 사소한 일로 더욱 감정이 상할 수도 있다. 게다가 이렇게 제작과 경영이 분리된 상태에서는 서로가 바라보는 지점도 다르고, 언제 어디에 투자를 한 것인가에 대한 견해도 다를 수 있다. 이에 대한 마찰은 없었을까? 양민석 대표의 말에 따르면 그런 일은 거의 없었다고 한다. '서로 존중하는 마음'이 있기 때문이다.

YG Story 3 • 선택하라, 집중하라, 그리고 차별화하라

"저는 현석 형이 제작에서 어떤 일을 한다고 했을 때 상황이 어떻든 최대한 지원을 아끼지 않는 쪽으로 따릅니다. 그럴 때마다 현석 형도 여러 가지로 신경을 써주는 걸 알 수 있고요. 형의 사업에 동참한 이후로 한 번도 서로 크게 다툰 적이 없습니다. 서로 의견이 크게 대립된 적도 없어요. 저는 형의 의견을 존중하고, 형도 늘 제게 배려를 한 덕분이죠. 그런 마음으로 오늘의 YG까지 왔습니다. 저는 음악에 관해서는 전문가가 아니에요. 항상 일반 대중의 입장과 시선으로 YG의 콘텐츠를 대합니다. 일반인으로서 듣고 보는 제 느낌을 말한 적은 있지만, 콘텐츠 제작 등에 관해서는 일체 관여하거나 말하지 않아요. 현석 형의 재능을 믿고 따를 뿐이에요. 거꾸로 현석 형은 정확한 회사 직원 수, 그리고 고정비용이나 매출 규모에 대해 크게 신경 쓰지 않습니다. YG의 경영에 무관심하다기보다는 저를 믿고 맡겼기 때문에 그렇다고 생각해요. 이러니 둘이 부딪히는 일도 없고 논쟁할 거리조차 없어요. 콘텐츠 개발은 현석 형이 뛰어난 아티스트들, 그리고 유능한 프로듀서들과 상의해서 잘하고 있으니 저는 전적으로 지지하면 그만입니다. 대신에 저는 나름대로 경영관리적 측면에서 의사결정을 합니다. 하지만 회사의 앞날에 영향을 미칠 사안들에 대해서는, 예를 들어 주식상장을 하는 것이 좋겠다 하는 등의 중대한 의사결정에 관해서는 꼭 형에게 의논합니다. 이런 부분에서는 형의 견해가 중요한 영향을 끼치는 게 당연하고요."

결과적으로 제작과 경영을 분리해 각자 영역에서 전문성을 발휘해 온 형제의 판단은 옳았고, 그것이 현재의 YG를 이루는 데 큰 기여를

"저는 현석 형이 제작에서 어떤 일을 한다고 했을 때

상황이 어떻든 최대한 지원을 아끼지 않는 쪽으로 따릅니다.

형의 사업에 동참한 이후로 한 번도 크게 다툰 적이 없습니다.

저는 형의 의견을 존중하고, 형도 늘 제게 배려를 한 덕분이죠.

그런 마음으로 오늘의 YG까지 왔습니다."

했다. 하지만 양민석 대표는 겸손하다.

"솔직히 제가 잘해서 이 회사가 잘됐다고는 생각 안 해요. 다행히도 제가 YG 초기 회사 경영이 어려웠던 시기에 기여한 부분이 있을 뿐이지요. 경영 쪽에 문외한이나 다름없었는데 행운도 많이 따라주었고요."

이에 대한 양현석 회장의 생각은 다르다. 양현석 회장에게 동생 양민석은 가장 든든한 지원자이자 보호자이며 조력자다.

"JYP 박진영도 마찬가지고, 내 주변 아는 모든 지인들이 나한테 부러운 것은 명예와 돈이 아니라 동생이라는 얘기를 굉장히 많이 한다. 형보다 나은 아우 없다고 말하지만, 내가 봤을 때는 한 분야 빼고는 내 동생이 나보다 나은 것 같다. 엔터테인먼트 쪽에 있어서 내가 하는 일 빼고는 모든 집안 살림을 양민석 대표가 다하고 있으니까. 나는 가수들의 계약이나 금전적인 문제, 사무적인 문제, 사람들 만나는 건 일체 안하고 있다. 내가 가수들과 음악 일에만 전념할 수 있게끔 양민석 대표가 다 잘하고 있으니까. 어떻게 보면 내게 가장 든든한 지원자이자 보호자, 조력자라는 생각이 든다."

결국 형제간의 '믿음과 배려'가 큰 잡음 없이 YG를 탄탄하게 키워온 것이다. 그렇다면 YG 패밀리의 기반은 바로 이 형제간의 우애에서 비롯되었다고 봐도 무방할 것이다. 형제이기에 서로 믿고, 형제이기에 서로 배려하는 가족 정신이 두 형제의 사적인 관계를 넘어 회사 경영에도 적용되고 있고, 그러한 분위기가 YG 전반에 흐르고 있다.

"JYP 박진영도 마찬가지고, 내 주변 아는 모든 지인들이
나한테 부러운 것은 명예와 돈이 아니라 동생이라는 얘기를
굉장히 많이 한다. 내가 가수들과 음악 일에만 전념할 수 있게끔
양민석 대표가 다 잘하고 있으니까. 어떻게 보면 내게 가장 든든한
지원자이자 보호자, 조력자라는 생각이 든다."

2
오해의 여지를
최소화하라

" 오해의 여지를 최소화하는 게 기획사의 경영지원이라고 직원들에게 늘 강조합니다. 정산을 할 때도 아티스트들은 세세한 내용을 잘 몰라요. 수입이 많아도 재테크에 관심이 없거나 약해서 재산을 날리기 일쑤예요. 그래서 이들의 수익이 얼마인지를 정확히 알려주고 그 운영을 어떻게 할지에 대해서도 조언을 아끼지 않습니다. 아직 나이 어린 아티스트들의 경우 이해를 구한 다음에 부모님께 상의하기도 합니다. — **양민석** "

YG 신예 강승윤과의 인터뷰 때 들은 이야기다. 연습생 시절에 모아뒀던 돈이 떨어질 즈음에 마침 CF 제의가 들어와서 광고를 찍었더니 다음 달에 바로 정산을 해주더라, 덕분에 한숨 돌렸다고 말이다. 여전히 소속사가 신인 가수나 신인 그룹의 정산을 제대로 해주지 않아 법정 다툼까지 벌이는 사례가 비일비재한 연예계에서 이런 이야기는 신선한 충격으로 다가왔다.

앞서도 잠시 언급했지만 YG는 소속 연예인과의 정산은 처음부터 투명하게 하려고 노력했다. 양민석 대표는 "당연히 그래야 하는 것"이라고 말했다. 덕분에 지금까지 YG가 소속 연예인과 정산 관련으로 문제를 일으켰다는 소리를 들은 적이 없다. YG가 가장 잘하는 일 중 하나가 바로 투명한 정산이다. 회사 전대에 300원이 부족해서 개인 돈으로 메우면서 출발한, 긴 시간 재정적 어려움을 겪은 상황인데도 깨끗한 정산에 주목했다는 사실은 충분히 귀감을 살 만하다.

계약자 간 정산의 원칙은 YG 전속계약서에 명시되어 있는데, 현재 YG의 기본은 3개월 분기별 정산이다. 1~3월, 4~5월, 6~8월, 9~12월로 나누어 정산을 하고, 그 금액을 마지막 달 다음 달, 즉 4월, 6월, 9월, 1월에 지급한다.

"오해의 소지를 최소화하는 게 기획사의 경영지원이라고 직원들에게 늘 강조합니다. 정산을 할 때도 아티스트들은 세세한 내용을 잘 몰라요. 수입이 많아도 재테크에 관심이 없거나 약해서 재산을 날리기 일쑤예요. 그래서 이들의 수익이 얼마인지를 정확히 알려주고 그 운영을 어떻게 할지에 대해서도 조언을 아끼지 않습니다. 아직 나이 어린 아티스트들의 경우 이해를 구한 다음에 부모님께 상의하기도 합니다."

양민석 대표는 소속 연예인들 부모님에게 수익 정산 시에 가능하다면 신뢰할 만한 회계법인과 함께 이야기를 나누라고 권하기도 한다. 부모님이나 멤버들 입장에서 생각할 때 그 편이 서로 오해를 줄이고 스트레스 없이 시너지를 낼 수 있는 최선의 선택이라고 생각하기 때문이다.

"한마디로 회사가 아닌 제3자의 시각에서 제대로 알려줄 각 분야 전문가와의 1차 상담을 추천하는 겁니다. 회사가 자기들 이익만 챙기지 않을까 하는 의혹을 말끔히 씻기 위해 모든 정산과 진행을 투명하게 함과 동시에, 이에 대한 검증은 회사와 상관없는 회계사, 변호사를 통해 받도록 하고 있어요. 그것이 YG의 노하우라고 할 수 있겠네요. 인간관계는 사소한 오해로 틀어질 수 있습니다. 그로 인해 분쟁이 생기지요. 서로 다른 관점에서 바라보는 것들은 제3자의 조력을 통해서 문제를 최소화할 수 있어요. 논란이 일기 전에 방지하는 것. 미국 엔터테인먼트 업계에서 법률 및 회계 서비스가 발전한 배경이에요. 저도 차근차근 그 체계를 도입해 왔습니다."

덕분에 일부 기획사들이 소속 연예인과 전속계약서 문제로 연예계가 한창 시끄러울 때 YG는 다른 나라 일인 양 멀리 떨어져 있을 수 있었다. 이미 공정거래위원회에서 제시한 표준계약서 수준에 도달해 있던 탓이다.

"기획사와 연예인과의 분쟁은 대부분 아주 사소한 오해에서 비롯되는 경우가 많습니다. 연예인들은 세상 물정에 순수해요. 그러다 보니 일반적인 일들에 대해 잘 모르고 살아요. 일찍부터 연예계에 뛰어든 나이 어린 친구들은 더하죠. 물론 부모님이 챙긴다고 챙기지만, 이 분들도 정확하게 파악하고 있지는 못해요. 이런 구조적 문제로 인해 과거 연예계에는 상식 수준 이하의 계약관계가 어느 정도 존재했던 게 사실이고, 끝내 여론의 질타를 받게 된 거죠. 그래서 공정거래위원회에서 표준계약서를 제시했는데, 그 안에 제가 이미 YG에 도입했던 절

차들이 포함되기 시작했어요. 전문가들의 도움이 필요할 때는 이를 지원하고, 장부 열람은 소속 연예인이 원하면 언제든지 가능하다는 등의 내용들이요. YG 내부적으로는 공정거래위원회에서 표준계약서가 나와 주니 정말 좋았어요. 이미 다 하고 있던 것들인데, 명확히 써 주니까 마음이 편했던 거죠."

그렇다면 YG 경영은 미국 엔터테인먼트의 선진화된 에이전트 모델을 도입한 것일까? 이에 대해 양민석 대표는 이렇게 대답했다.

"굳이 서구화 모델을 지향하지는 않습니다. 애초에 '양현석'은 제가 지켜주고 싶은 브랜드였어요. YG라는 브랜드가 곧 양현석인 겁니다. 그 브랜드와 아티스트들, 제가 여기에 누를 끼치면 안 된다는 각오를 한 거죠. 인간인 이상 누구나 실수할 수 있지만, 이를 반복하는 잘못을 저지른다면 제가 아끼는 YG의 명성에 해가 될 거예요. 그래서 처음부터 엄격하게 규칙을 정하고 이를 문서화했어요. 어떻게 하면 사건 사고와 논쟁을 최소한으로 줄일 수 있을까 고민했고, 이런 과정에서 얻은 경험들을 경영관리적 측면에 적용하려고 노력하고 있을 뿐입니다."

더불어 양민석 대표는 이렇게 함으로써 기획사와 소속 아티스트들이 더 오래, 함께 일할 수 있다고 말한다.

"빅뱅을 예로 들게요. 빅뱅은 데뷔한 지 10년이 되어가는 장수 그룹입니다. 사소한 내부 갈등을 한 번도 겪지 않고 이렇게 활동하는 인기 그룹을 찾기란 쉽지 않은 일이죠. 빅뱅이 최고의 그룹으로 성장한 것은 당연히 멤버들 각자가 뛰어나고 열심히 노력한 덕분이겠죠. 하지만 이들이 10년이 가깝도록 넘버원 자리를 유지하는 배경에는 음악 외적인 문제에 신경 쓰거나 혼란스럽지 않게 만들려는 YG의 숨은 배려가 깔려 있습니다. 수많은 히트 그룹들이 전성기에 해체되거나 결과적으로 끝이 좋지 않았던 원인은 내부에서 그룹 내 갈등, 그리고 그룹과 회사와의 의견충돌에서 생긴다고 봅니다. 결국 훌륭한 가수와 그룹을 장수하도록 만드는 데는 제작뿐 아니고 경영의 역할도 필요한 겁니다. 멤버들 사이나 회사와 가족 등 내부에서 분쟁 요소를 최소화할 때 기획사의 목숨과 다름없는 가수의 수명도 같이 길어진다는 게 제 논리예요. 빅뱅이 첫 5년 전속 계약이 끝나고 나서 괜히 다른 회사로 옮기지 않는 게 아닙니다. 멤버들 스스로가 바로 이곳, YG에서 계발되고 지금도 성장 중이라는 것을 느끼고 있지 않을까 싶어요. 바로 이 같은 소속원과 기획사 사이의 굳건한 다리를 놓는 게 제 역할인 겁니다. 경영의 목표라고도 할 수 있겠죠. 저는 빅뱅과 빅뱅 가족들이 오랫동안 YG 패밀리로서 끈끈한 정을 이어갈 수 있도록 돕는 조력자일 뿐입니다."

소속 연예인들을 단순히 비즈니스적 관계로 생각하지 않고, 함께 오래갈 동지로 생각하는 것. YG가 소속 연예인들이나 그 가족들과 원만하게 지내는 비결이 어쩌면 여기에 있는지도 모르겠다. 흔히 친한 사이일수록 돈 거래를 확실히 하라고 말한다. 아무리 친한 사이일지라도 돈 거래 잘못했다가 관계가 한순간에 망가지는 경우가 우리 주변엔 수없이 많다. YG는 그런 걸 미연에 방지한 것이다. 가장 민감할 수 있는 돈 문제를 처음부터 확실하게 정리하고, 그에 따르는 제반 사항에 대해 함께 고민하고 도움을 줌으로써 말로만 '가족'이 아닌, 진짜 '가족'이 되도록 노력한 것이다. 양현석이 말한 양민석의 '엄마 같은 역할'이 여기서도 빛을 발했다. 어쩌면 양현석은 이미 그런 동생의 능력을 꿰뚫어보고 있던 것은 아니었을까. 양현석은 제작자로서의 능력뿐 아니라 필요한 사람을 적재적소에 잘 배치시키는 회사 오너로서의 자격도 충분히 갖추고 있는 것이다.

양민석 대표는 이러한 시스템이 YG뿐 아니라 많은 기획사에 정착되길 바란다. 그래야 소속원과의 관계가 오랫동안 잘 유지되기 때문이다. 그건 소속 연예인, 혹은 기획사 어느 한쪽만 잘되는 것이 아닌, 함께 잘되기 위한 방편이기도 하다. 흔히 말하는 윈윈(win-win)인 것이다. 그리고 이런 YG의 시스템에 양민석 대표는 자부심을 갖고 있다.

"어느 기획사건 소속 아티스트의 숫자나 회사의 규모가 갖춰지면 이런 시스템이 반드시 필요하다고 생각합니다. 멤버들 부모님들과 가끔 만나서 식사를 하거나 할 때 '감사하다'는 인사를 받으면 YG가 채택한 경영 방식이 옳았다는 확신을 갖게 돼요."

3

선택하라, 집중하라, 차별화하라

열심히 노래하는 가수를 빛내줄 수 있는 것은 훌륭한 조명 설비, 감각적인 연출, 다양한 각도의 카메라 워크다. 이런 세 가지 요소들이 전혀 뒷받침되지 않는 무대에 YG 가수를 출연시키고 싶지 않은 것이 솔직한 심정이다. 나가봤자 팬들을 만족시키기는커녕 가수들이 평가절하될 수 있기 때문이다. 그래서 가요 시상식에도 잘 안 내보낸 지 꽤 됐다. YG가 지금이야 외부에서 힘이 있는 기획사라고 인정받지만, 사세가 지금 같지 않던 빅뱅 초창기에도 시상식 출연을 가급적 사양했다. 좋은 무대를 만드는 것이 제작자로서의 첫 번째 의무라고 생각한다. **- 양현석**

2009년 초, 빅뱅이 정규 2집 앨범 《리멤버(Remember)》를 내고 〈붉은 노을〉로 한창 활동하고 있을 때였다. 한 포털사이트에 흥미로운 공개 청원 하나가 올라왔다. '빅뱅의 방송 출연을 높여달라'는 요청이었다. 특이한 건, 이 요청이 방송국을 향한 것이 아니라 빅뱅의 소속사인 YG를 향한 것이었다는 점이다. 즉 빅뱅을 방송에서 더 자주 볼 수 있도록 YG가 방송 출연을 좀 늘려달라는 것이었다. 비단 이 사례뿐 아니다. YG 소속 가수들의 방송 출연 횟수가 적은 것은 일선 방송가

뿐 아니라 일반 팬들에게도 널리 알려진 사실이다.

가수가 데뷔하여 음원(혹은 음반)을 발표하면 한 번이라도 더 방송에 출연해 얼굴을 알리고 곡을 들려주기 위해 노력하는 것이 일반적이다. 요즘엔 음악 프로그램도 모자라 예능 프로그램에도 출연하고자 한다. 그래야 홍보가 더욱 잘되고, 인기 또한 더해지기 때문이다. 공연장에서 멋진 무대를 선사하는 것만큼이나 TV 프로그램을 통해 대중과 눈을 맞추는 것도 가수 입장에서는 꽤나 중요하다.

가수들에게 방송 출연은 좋은 사업적 기회이자 홍보에 유리한 도구다. 주요 공중파 방송 무대에 한번 서면 그날 음원 다운로드 횟수가 눈에 띄게 늘어나고, SNS나 기타 수단을 통해 사람들 입에 오르내리며, 인상 깊은 무대라도 선보인 날에는 각종 포털의 검색어 순위 상위에 랭크된다. 그리고 이러한 것들은 모두 수익과 연결된다. 가수라면, 소속사 사장이라면 당연히 이런 기회를 놓치고 싶지 않을 것이다. 그런데 YG의 경우는 이런 일반적인 상황에서 한발 벗어나 있다.

YG 소속 가수들은 음원이나 음반을 발표해도 생각보다 음악 방송 출연 비중이 적다. 음악 방송에도 잘 나오지 않는데 예능 프로그램이라고 나올까. 심지어 연말에 하는 시상식이나 결산 무대에도 YG 가수들은 좀체 보기가 힘들다. 빅뱅도 그랬지만, 투애니원도 가요 프로그램은 일주일에 한 번씩만 출연했다. 어떻게 보면 팬들이 방송 출연을 늘려달라는 청원을 하는 것도 당연해 보인다.

하지만 YG의 생각은 다르다. 방송사들이 늘어나면서 각종 프로그램의 출연 요구를 그대로 수용하다 보면 소속 가수들이 일주일에 많

121 _____

게는 서너 차례, 어떤 때는 하루에만 두세 차례 겹치기로 방송 무대에 서야 하는데, 그렇게 되면 가수를 포함해서 댄서, 스타일리스트, 매니저 등 스태프들도 다 힘이 빠져 지쳐버릴 테고 이런 상황에서 어떻게 팬들에게 좋은 공연을 보여줄 수 있겠냐는 것이다. 게다가 전문적이지 못한 연출도 문제였다. 양현석 회장은 이렇게 말한다.

"열심히 노래하는 가수를 빛내줄 수 있는 것은 훌륭한 조명 설비, 감각적인 연출, 다양한 각도의 카메라 워크다. 이런 세 가지 요소들이 전혀 뒷받침되지 않는 무대에 YG 가수를 출연시키고 싶지 않은 것이 솔직한 심정이다. 나가봤자 팬들을 만족시키기는커녕 가수들이 평가절하될 수 있기 때문이다. 그래서 가요 시상식에도 잘 안 내보낸 지 꽤 됐다. YG가 지금이야 외부에서 힘이 있는 기획사라고 인정받지만, 사세가 지금 같지 않았던 빅뱅 초창기에도 시상식 출연을 가급적 사양했다. 왜냐하면 국내 가요 시상식들을 보면 주최 측의 전문 분야가 아니라서 그런지 무대가 엉망이다. 창피해서 못 볼 수준인 곳들도 있다. 주최 측이 무서워서 거기 보내느니, 차라리 언론사와 사이가 안 좋더라도 퀄리티로 승부하고 싶다. YG 아티스트를 아껴주고 싶은 마음뿐이다. 그런 것들 때문에 독선적이고 이기적이라는 오해를 받기도 하지만, 좋은 무대를 만드는 것이 제작자로서의 첫 번째 의무라고 생각한다."

다시 말해 방송 출연에 있어서도 '공연의 질'을 따지겠다는 것이다. 고만고만한 수준의 공연을 여러 번 보여주는 것보다는 공연하는 가수와 보는 팬들이 모두가 만족하고 칭찬할 수 있는 단 몇 번의 공연이 훨씬 의미 있고 임팩트 있는 것이 사실이다. 단 그러기 위해서는 가수

YG는 다르다

들의 컨디션 및 그에 필요한 요소들이 모두 완벽하게 준비되어야 하는데, 잦은 방송 출연과 전문적이지 못한 연출은 오히려 이러한 부분을 저하시킬 수 있다. 그러면 공연하는 가수도 보는 팬들도 손해다. 결국 모두를 위한 YG의 철학이 묻어나는 행보다. 물론 여기에는 달라진 방송가 사정도 한몫했다.

"방송을 소홀히 하는 이유가 또 하나 있다. 음악 프로그램은 방송사 입장에서 시청률이 아무리 저조해도 없애기도 뭐하고 마지못해 가져가야 하는 뜨거운 감자 같은 존재가 아닌가 싶다. 솔직히 말하면 현재 방송사에서 가요 프로그램을 대하는 방식이 썩 마음에 들지 않는다. 서태지와 아이들까지만 하더라도 가요 프로그램은 오후 7~8시, 주요 시간대에 편성되었다. 그만큼 환영받는 프로그램이었는데 지금은 아니다. 주말 3시대로 이동했는데, 이 시간대에 어떤 젊은 친구가 TV를 보고 있겠나. 푸대접 받고 있는 것이다. 이런 시청률이 낮은 프로그램에는 광고가 안 붙으니까 제작비용도 놀랄 만큼 적다. 악순환의 연속이다."

제작비용이 적다 보니 무대에 들어가는 비용 또한 적다. 근데 이런 무대에서 10팀이 넘게 노래하고 춤을 춘다. 과연 차별화가 있을 수 있을까? 양현석 회장은 이런 부분을 지적한다.

"뮤직비디오 하나 찍는데 2~3억씩 드는 요즘 세상에서 수천만 원으로 무대 한두 개 짓고 열댓 명의 가수가 나오니……. 팬들은 이런 걸 모른다. 방송에 얼굴만 비춘다고 좋은 게 아니다. 좋은 무대를 보여줘야 팬들을 만족시킬 수 있다. 요즘엔 해외 팬들도 다 보고 있는데 안타까운 현실이다. 똑같은 무대에서 가수들만 바뀌어서 노래 한두 곡 부르고 가는 가요 프로그램에 누가 열광하겠는가? 대학가 축제도 아니고. 그러니까 가요 프로그램 시청률이 점점 떨어지는 것이고, 사람들이 외면하는 것이다. 이런 프로그램들은 내가 지향하는 음악관과 180도 다르다. 한 무대를 하더라도 '야, 멋있다!' 하고 감탄하게 만드는 무대를 선보이고 싶다. 그나마 몇몇 방송의 가요 프로그램은 이런 부분에서 나와 공감하고 좋은 무대를 만들려는 노력을 한다. 그런 방송에는 출연하고 있다."

이와 같은 이유로 YG는 적정한 선에서 소속 가수들의 방송 출연을 조율하고 있다. 대신 한번 방송에 출연하기로 하면(선택) 그때만큼은 엄청난 노력을 쏟아 부어(집중) 독보적인 무대를 만들어 내는 데(차별화) 힘을 쓴다. 그렇기에 YG 소속 가수들이 가요 프로그램에 출연한다는 소식이 들리면 그 누구보다 기대가 되는 것이다. 물론 좋아하는 가수의 모습을 더 많이 보고 싶은 팬들에게는 목이 마르겠지만. 하지만 소속 가수들을 아끼고 팬들을 위하는 마음에서 비롯된 YG의 철학이니만큼 지지해줘야 하지 않을까. 아마 준비하는 가수들도 더 힘이 날 것이다.

방송 출연은 선택과 집중을 하는 대신, YG는 새로운 마케팅 수단에 눈을 돌렸다. 바로 유튜브를 이용하는 것이었다. 여전히 그렇지만, 투애니원의 데뷔 때만 해도 가수들은 가요 프로그램 출연을 통한 마케팅에 의존하는 면이 컸다. 하지만 빅뱅 시절부터 방송 출연은 선택과 집중이라는 기조를 유지했던 YG는 그 시점에 유튜브를 이용해 마케팅을 시작했고, 이러한 방식을 통해 빅뱅과 투애니원은 해외 프로모션을 한 번도 안 했는데 해외 팬들을 갖게 되었다. YG가 유튜브에 주목하게 된 계기는 무엇일까. 양현석 회장의 말을 들어보자.

"유튜브의 확산은 나한테 있어서는 YG의 성장 기회였다. YG가 소속 가수들을 가요 프로그램에 자주 출연 안 시키는 걸로 유명하지 않나. 다른 기획사나 매니저는 방송을 얼마나 시키냐에 따라 레벨 평가를 받는 시점이었다. 지금도 크게 달라지지 않았지만 말이다. YG는 빅뱅 때부터 그랬지만, 투애니원까지 일주일에 한 번씩만 가요 프로그램에 출연했다. 〈SBS 인기가요〉에만. 그로 인해 팬들한테 욕도 많이 먹었다. 당시만 해도 음악 방송 시청률이 10퍼센트가 넘었다. 그런데 지금은 2~3퍼센트다. 가요를 즐기는 팬들의 트렌드가 변화했음을 입증하는 수치다. 음악 방송 여기저기 다 나오려고 애쓸 시간에 양보다 질로 승부하자고 판단했다. 방송에 한 번 나가더라도 더 오래 준비하고, 의상도 더 신경 쓰고 준비해서 공연했다. 그 영상을 유튜브로 공개했을 때 해외 팬들의 뜨거운 반응을 기대한 것이다. 엔터테인먼트는 결국 퀄리티로 승부해서 인정을 받아야지, 돈으로 승부를 보려 해서는 안 된다. 사람들이 반응을 해야지, 수백억 들인 영화를 수백억 써서 홍보한다고 해서 되는 게 아니다. 결국 입소문이다. 그래서 우리는 일주일에 한 번 하는 방송을 방송국과 협의 후에 유튜브에 올렸다. 그 전까지만 해도 방송국에서 출연 가수의 영상 콘텐츠를 유튜브에 올리는 것을 허락하지 않았다. 지금은 'YG라이프'라는 블로그를 만들어서 채널을 활용하고 있다. 유튜브에 YG 전용 채널도 만들었다. 그때부터 아마 해외 팬들이 많이 늘어난 것 같다. 또 YG 음악은 한국적이라기보다는 세계적인 트렌드에 빨리 부합하기 때문에 더 어필하는 것 같고. 지구촌 어디에도 빅뱅, 투애니원 같은 팀들이 없다. 홍콩, 대만, 태국, 일본, 중국의 팬들이 왜 이들한테 환호하겠는가. 일차원적으로 생각해보면 자기 나라에 이런 가수가 없는 까닭이다. 그만큼 경쟁력이 있다고 생각한다."

즉 방송 출연에 연연해하지 않고 더 넓은 세상으로 눈을 돌렸더니 더 큰 시장이 기다리고 있더라는 말이다. 단 한 번의 공연을 더 많은 팬들에게 보여주자는 생각에서 비롯된 도전이 더 넓은 세계를 가져다준 것이다. 선택과 집중, 그리고 차별화. 누구나 생각은 한다. 하지만 그걸 '어떻게' 해내느냐가 중요하다. YG는 생각했고, 판단했고, 찾았고, 실행했다. 그리고 그 결과는 기대 이상이었다. 틀을 깨버린다는 것은 때론 생각보다 간단하다. 하나의 핵심에만 집중하다 보면 새로운 세상이 열린다. YG는 그걸 보여주었다.

선택과 집중, 그리고 차별화. 누구나 생각은 한다.

하지만 그걸 '어떻게' 해내느냐가 중요하다.

YG는 생각했고, 판단했고, 찾았고, 실행했다.

틀을 깨버린다는 것은 때론 생각보다 간단하다.

하나의 핵심에만 집중하다 보면 새로운 세상이 열린다.

4

대중이
늘 정답이다

대중이 늘 정답입니다. 그들이 좋아하고 원하는 음악에 맞춰가야지 대중을 가르치겠다고 앞서가는 건 자만심일 뿐입니다. 어떤 음악이 좋고 나쁘냐 하는 판단의 몫은 대중에게 있습니다. 대중이 관심을 갖는 노래가 최고의 노래라고 생각합니다. 대중음악을 하는 제작자로서 제가 지키고 되새기는 철칙 가운데 하나예요. 현역을 은퇴하고 제작자로 돌아선 다음에도 클럽에서 DJ를 자주 봤어요. 대중과 함께 호흡하는 그 순간이야말로 제게는 생생한 현장학습이고 배움의 원천이니까요. **- 양현석**

　　양현석은 세계 대중음악계의 흐름을 바꾼 힙합을 한국에 알리고 유행시킨 대표적 인물이다. 여기에는 그의 음악에 대한 자신감과 뚝심이 한몫했다. 자신이 제일 잘 알고 잘할 수 있는 분야에 선택하고 집중해서 남다른 음악을 선보였다. 그런 면에서 선택과 집중, 차별화는 홍보와 마케팅 차원을 넘어서서 YG의 음악적 줄기와 문화적 뼈대를 이룬다고 해도 무방할 것이다. 그렇게 소신 있게 남다름을 추구하는 양현석을 보며 사람들은 그가 '고집이 세다'라고 느끼기도 한다. 하지만 알고 보면 다르다.

양현석을 대하다 보면 하루하루 고정관념을 깨면서 살고 있는 제작자라는 생각이 든다. 음악에 관한 한 그의 사고방식은 젤리처럼 부드럽고 유연하다. 상대를 가리지 않고 배워야 할 건 스펀지마냥 빠르게 흡수하는 장점이 있다. 그래서 YG 소속 가수들의 경쟁 상대일지라도 독창적이고 기발한 콘셉트로 성공한 이들에게 찬사를 아끼지 않는다. 단적인 예가 걸그룹 크레용팝이다.

"크레용팝에게 박수를 보내고 싶다. 대중이 관심을 갖는 노래가 최고의 노래라고 생각한다. 음원차트 1위를 했다고 좋은 노래가 되는 것은 아니다. 대중이 아느냐 모르느냐, 팬이 있느냐 없느냐가 중요한 요소다. 그런 면에서 크레용팝은 분명 히트했다."

사실 양현석은 YG 창업 이후 모든 프로듀싱을 진두지휘하며 항상 시대의 흐름에 맞춘 가수와 노래를 선보였고, 이는 곧 성공으로 이어졌다. 어떻게 이런 일이 가능했을까? 그의 타고난 감각 때문일까? 이에 대해 양현석은 이렇게 말했다.

"대중이 늘 정답입니다. 그들이 좋아하고 원하는 음악에 맞춰가야지 대중을 가르치겠다고 앞서가는 건 자만심일 뿐입니다. 어떤 음악이 좋고 나쁘냐 하는 판단의 몫은 대중에게 있습니다. 대중이 관심을 갖는 노래가 최고의 노래라고 생각합니다. 대중음악을 하는 제작자로서 제가 지키고 되새기는 철칙 가운데 하나예요. 현역을 은퇴하고 제작자로 돌아선 다음에도 클럽에서 DJ를 자주 봤어요. 대중과 함께 호흡하는 그 순간이야말로 제게는 생생한 현장학습이고 배움의 원천이니까요."

즉 YG의 성공 신화는 시대의 흐름과 변화하는 대중의 기호를 민감하게 짚어내고 반응했기 때문에 가능한 일이었던 것이다. 대중을 앞서 나갈 수는 없다지만 적어도 대중이 무엇을 좋아하는지는 정확히 파악하고 있던 것이다. 양현석의 자신감과 뚝심도 바로 이러한 대중에 대한 믿음에서 비롯된 것이다. 양현석은 "어떤 음악이 좋고 나쁘냐는 판단의 몫은 대중에게 있다"라고 몇 번이나 강조했다. YG 콘텐츠 제작의 원칙이 여기에 있다. 그래서 그는 항상 대중의 기호를 파악하는 데 눈과 귀를 열어둔다. 〈나는 가수다〉라는 프로그램이 한창 인기를 얻고 있을 때도 양현석은 이렇게 말했다.

"음악도 패션처럼 주기가 있고 유행을 타면서 돌고 돈다. 〈나는 가수다〉를 보면서 그동안 우리 가요계가 얼마나 한쪽으로 치중했는지를 느꼈다. 노래 잘하는 가수들이 이 프로그램을 통해서 빛을 본다는 것이 나한테는 정말 기쁜 일이다. YG에 빅뱅이나 투애니원 같은 아이돌이 있지만, 가창력 있는 재야의 솔로 가수들이 복귀하는 일은 매우 행복하고 환영할 만한 일이다. 아이돌 천지인 세상보다는 여러 가수들이 다양한 장르의 노래를 들려줘야 좋지 않겠는가."

항상 대중의 기호는 변하며, 그 변화에는 다 이유가 있다는 것을 양현석은 알고 있는 것이다. 따라서 제작자로서의 양현석이 대중의 반응에 귀 기울이는 것은 당연하다. 양현석은 말한다. 대중의 외면이 더무섭다고. 이는 뼈아픈 과거의 실책에서 배운 것이다. 앞서도 말했지만, 그는 킵식스의 실패를 두고 "자신의 입장에서만 완성도를 높이려고 했지, 대중과의 타협에 덜 신경 썼다"라고 했다. 즉 대중성을 제대로 읽지 못했기에 그랬다는 것이다. 이러한 배움의 경험이 있었기에 그는 항상 대중의 반응에 촉각을 곤두세운다.

덕분에 변화하는 시대 흐름에 YG는 빨리 대응할 수 있었다. 세븐의 〈크레이지〉는 디지털 싱글이라는 것을 처음 시도한 경우였다. 디지털 시장의 도래를 예상하고 낸 앨범으로, 처음으로 '디지털 싱글'이라는 이름을 붙였다. '미니앨범'이라는 것도 YG에서 처음 냈다. 가요 시장이 음원 위주로 빠르게 재편되면서 앨범을 만들기는 버겁고, 앨범을 만들었다 해도 안 팔리기 시작하면서 일본에 있던 방식을 차용해와 미니앨범을 만든 것이다. 시대의 흐름과 대중의 기호를 읽으며, 그에 맞춰 다양한 시도를 하는 것. 그것이 YG의 방식이다. 양현석은 말한다.

"직접적으로 대중이 호감을 느낄 수 있는 새로운 길을 찾는 것이 나의 방식이고 습성이다. 그렇지 않으면 재미가 없다."

5

길게 보고
크게 쏘라

좋은 콘텐츠를 만들었을 때에만 대중이 반응한다. 여기에는 어떤 변수도 존재하지 않는다. 그냥 시간만, 날짜만 맞춘다고 뚝딱 대중의 인정을 받는 노래들이 나오는 게 아니기 때문에 작업을 하면서 더 늦어지는 것이다. 진짜 제대로 된 공연, 확실한 콘텐츠를 보여줘야 관객들이 다시 오고 이게 신뢰로 누적되어야 K팝이 산다. 결국 가수들의 공연이란 게 팬들이 돈을 내고 티케팅을 해서 들어오는 건데 기대 이상의 감동을 받고 나가야 되지 않겠는가. **- 양현석**

2003년 2월에 첫 번째 앨범을 낸 빅마마의 2집 앨범은 원래대로라면 다음 해인 2004년 11월에 발매되어야 했다. 실제로 그에 맞춰 앨범을 준비했고 녹음까지 마친 상태였는데, 빅마마 멤버들이 제동을 걸었다. 최종적으로 나온 음악을 들어보니 아무래도 자신들이 생각했던 수준에 못 미친다는 것이 그 이유였다. 물론 그녀들의 음악은 훌륭했다. 수준에 못 미친다고 한 것은 그녀들의 얘기지, 미리 들어본 주변 사람들의 평가는 달랐다. 하지만 YG는 멤버들의 의견을 받아들여

YG는 다르다

녹음까지 한 음반을 전량 폐기처분하고 새롭게 다시 작업하기로 했다. 그간 들어간 제작비가 허공으로 날아가는 것은 물론이요, 가수나 소속사 이미지에도 해가 될 수도 있었다. 하지만 소속 뮤지션들에 대한 믿음과 애정, 음악에 대한 진심이 있었던 양현석은 흔쾌히 그러도록 했다. 그렇게 다시 시작한 2집 작업은 1년 반에 가까운 시간이 걸렸고, 결국 2005년 5월에야 빅마마의 2집 《잇츠 유니크(It's unique)》가 발매되었다. 그리고 빅마마의 2집 앨범은 극심한 불경기 속에서도 20만 장이 넘는 판매고를 기록했다.

양현석은 콘텐츠의 완성도를 높이기 위해서 비용을 아끼지 않는 것으로 유명하다. 한 앨범에서 타이틀 곡을 두세 개씩 내놓고, 뮤직비디오 한 편에 수억 원을 들이기도 한다. 돈은 몇 배로 들지만 모두가 인정하는 작품이 나오면 만사 오케이가 양현석의 제작 철학이다. 가진 돈을 모두 쏟아 부어 만든 킵식스가 실패해서 큰 타격을 입은 전력이 있지만, 콘텐츠의 질을 먼저 생각하는 양현석의 철학은 변하지 않았다. 이러한 양현석의 철학 때문에 자금 관리를 맡았던 양민석 대표는 YG 초창기에 이런저런 고생을 많이 했다. 하지만 형의 재능을 믿은 동생은 아무런 잔소리 없이 여기저기서 돈을 끌어다 댔다.

비용뿐 아니다. YG에서는 모든 콘텐츠를 공들여 만들기 때문에 시간 또한 많이 소요된다. 그렇기 때문에 소속 신인 가수들의 데뷔도 늦어질 때가 있고, 소속 가수들의 앨범 발매 또한 지연될 때도 있다. 덕분에 애가 탄 팬들의 원망도 많이 듣는다. 팬뿐 아니라 회사 안에서도 원성이 자자하다. 시간 투입도 장기적으로 볼 때 비용 및 수익과 연결

YG Story 3 • 선택하라, 집중하라, 그리고 차별화하라

YG는 늘 이전과 다른 새로운, 차별성 있는

완성도 높은 콘텐츠를 추구하며 남들이 아직 가보지 않은

새로운 길을 가는 것을 마다하지 않는다.

비록 새로운 것을 만들어내기 쉽지 않고,

더 많은 투자가 필요하고 더 많은 리스크를 안게 될지라도.

되기 때문이다. 새로운 가수가 탄생하거나 새로운 앨범이 제작되고 유통되어야 회사의 자금도 원활하게 돌아가고 그를 바탕으로 또다시 투자를 할 수 있기 때문이다. 그런데 비용은 비용대로 들어가고 시간은 시간대로 소요되니 기다리는 입장에서는 애가 탈 노릇이다. 하지만 소속 가수들을 진심으로 아끼고 사랑하는 양현석에게는 어쩔 수 없는 일이다. 사랑하고 아끼는 자신의 가수들이 함량 미달의 콘텐츠를 들고 나오게 할 수는 없기 때문이다.

"좋은 콘텐츠를 만들었을 때에만 대중이 반응한다. 여기에는 어떤 변수도 존재하지 않는다. 그냥 시간만, 날짜만 맞춘다고 뚝딱 대중의 인정을 받는 노래들이 나오는 게 아니기 때문에 작업을 하면서 더 늦어지는 것이다. 팬들과의 일정에 대한 약속을 지키겠다고 덤빈다면 그리 어렵지는 않다. 솔직히 지금 YG에 뛰어난 프로듀서들이 겹겹이 포진해 있어서 앨범 하나 만드는 데 마음만 먹으면 일주일이면 가능하다. 그런데 태양 앨범이 4년 걸린 것도 그렇고 위너 앨범이 6개월 이상 미뤄진 것도 일단 내가, 그리고 YG가 만족스러운 결과물이 나와야 하기 때문이다. 그 정도 정성을 들인 앨범이 나와야 대중도 이해를 할 수 있는 거지, 그냥 CD만 찍는다고 해서 컴백이고 데뷔가 아닌 것이다. 음악 하는 사람들은 뭘 찍어내는 공장이 아니라고 생각한다."

사실 회사를 경영하는 입장에서 완성도가 높은 콘텐츠가 나오기까지 비용을 들이고 기약 없이 기다리는 일은 리스크가 너무 크다. 성공하면 다행이지만 실패하면 회사의 다양한 프로젝트가 지장을 받을 수 있기 때문이다. 하지만 진심은 통한다고 했던가. 이러한 철학에 기대어 YG에서 제작되는 콘텐츠는 언제나 기대 이상이었고, 덕분에 기다린 시간과 투입되는 비용을 상회하는 수익을 거둬들였다. 그런 경험 때문일까, 양현석 회장은 늘 항상 멀리 내다본다.

현재 YG에서는 앨범을 하나를 만들면 뮤직비디오는 서너 곡씩 찍는다. 뮤직비디오 한 편에 약 2억 5000만 원에서 3억 원 정도가 들어가니 서너 편이면 뮤직비디오 제작에만 들어가는 비용만 해도 10억 내외다. 과거에 1억 원 내외로 한 편씩 찍었던 것과는 사뭇 다르다. 덕분에 양민석 대표를 비롯한 경영진에게 자주 지적도 받는다. 그럴 때면 양현석 회장은 이렇게 설득한다.

"단순히 이 앨범으로 손익을 따지지 말아야 한다. 한국 팬들만 보는 게 아니라 유튜브를 통해 해외 팬들까지 보는 걸 감안해 얻게 되는 상승효과를 따져보자."

당장만 볼 게 아니라 멀리, 크게 보자는 말이다. 이는 크게 쏘고 알차게 먹는 '양현석표 베팅법'으로 지금까지 90퍼센트의 적중률을 보이고 있다. 그는 지금까지 절대 손해나는 장사를 하지 않았다. 2013년 4월, 잠실벌을 달궜던 지드래곤의 월드투어 첫 콘서트, '2013 지드래곤 월드투어 : 원 오브 어 카인드(One of a kind)'도 이 같은 양현석 베팅 성공 사례 중 하나였다.

'2013 지드래곤 월드투어 : 원 오브 어 카인드'에 들어간 제작비용만 35억 원이었다. "최고의 스타에게는 세계적인 스태프가 따라붙을 때 시너지 효과가 발생한다"는 양현석 회장의 평소 지론에 따라 거금을 들여 라이브네이션(Live Nation)과 월드투어 계약을 맺었다. 라이브

YG Story 3 • 선택하라, 집중하라, 그리고 차별화하라

네이션은 마돈나(Madonna), 레이디 가가(Lady GaGa) 등 세계적인 팝스타들의 공연을 담당한 기획사다. 지드래곤을 받쳐줄 댄서와 밴드도 톱클래스 수준의 기량을 가진 아티스트로 선발했고, 50여 벌에 달하는 무대 의상도 지드래곤을 위해 특별히 제작했다.

아무리 지드래곤이라도 월드투어 사전 준비 비용만 35억 원을 쓴다는 건 무리라는 평가가 지배적이었지만, 결과는 그 평가를 보기 좋게 뒤집었다. "단 1초도 눈을 떼지 못하게 만들었다"라는 현장 기자의 리뷰가 있을 정도로 한국 가요 역사상 유례없는 최대 규모의 콘서트 비용을 들인 지드래곤의 공연은 1만 3000여 명의 관객을 동원하며 성공적으로 끝났다. K팝 공연의 질을 한 단계 끌어올렸다는 평가도 받았다. 물론 국내 관객 입장 수입만 놓고 보면 이날의 공연은 YG로서는 적자를 봤다. 하지만 이후 세계 시장을 공략하는 월드투어를 마쳤을 때 YG는 35억 원이라는 선투자 비용을 뽑고도 남을 엄청난 이익을 얻었다.

"진짜 제대로 된 공연, 확실한 콘텐츠를 보여줘야 관객들이 다시 오고 이게 신뢰로 누적되어야 K팝이 산다. 결국 가수들의 공연이란 게 팬들이 돈을 내고 티케팅을 해서 들어오는 건데 기대 이상의 감동을 받고 나가야 되지 않겠는가."

이것이 바로 양현석식 손익 계산이자 베팅법이다.

YG는 늘 이전과 다른 새로운, 차별성 있는 완성도 높은 콘텐츠를 추구하며 남들이 아직 가보지 않은 새로운 길을 가는 것을 마다하지 않는다. 비록 새로운 것을 만들어내기 쉽지 않고, 더 많은 투자가 필요하고 더 많은 리스크를 안게 될지라도 소속 뮤지션들에게 새로운 시대, 새로운 미래, 또 다른 기회를 주기 위해 애썼다. 지금까지도 그랬던 것처럼 앞으로도 YG는 '길게 보고 크게 쏘는' 배짱을 버리지 않을 것 같다. 그것이 곧 YG의 전략이니까 말이다.

눈에 보이는 숫자에
연연하지 않는다

> 회사가 직상장을 할 수 있을 정도로 충분히 성장한 것은 아니었지만, 그래도 앞뒤 없이 무조건 우회상장 하라는 권유에 질린 다음이라서 직상장을 시도하는 것으로 마음을 굳혔습니다. 공개 프리젠테이션을 했는데 거의 모든 증권사들이 다 왔어요. 프리젠테이션을 통해 대우증권을 선택했고, 상장까지 6년 정도 준비를 했어요. 그 당시 대우증권을 주관사로 선택한 이유는 제안하는 공모가가 제일 낮았고, YG의 상장 비전을 가장 안 좋게 제시했기 때문이었어요. 이런저런 리스크가 있다고 밝히니 오히려 신뢰가 갔습니다. - **양민석**

2004년 중반에서 2005년 초반. 한국에서는 코스닥 우회상장 붐이 일었다. 우회상장이라 함은 주식시장에 속하지 못한 비상장기업이 주식시장에 상장된 장내 기업을 합병한 뒤에 주식 교환, 제3자 배정 유상증자 등의 활동을 통해 경영권을 취득한 뒤 원래 상장되어 있던 기업을 밀어내고 상장되는 방식으로, 당시 정식으로 상장 절차를 밟아서 진행하는 직상장에 비해 쉽게 큰돈을 벌 수 있다고 알려져 있었다.

그 무렵 엔터테인먼트 업계에도 코스닥 우회상장 붐이 일었다. 너도

YG는 다르다

나도 우회상장만 하면 대박을 낼 수 있다는 환상에 들떠 있었고, 또 실제로 한몫 바라고 우회상장에 나선 회사들도 많았다. YG에도 우회상장을 제안하는 회사와 사람들이 자주 방문했다. 지누션, 원타임으로 시작해서 휘성, 거미, 빅마마, 세븐까지 연속으로 키워내며 엔터테인먼트 업계의 블루칩으로 떠오르던 YG는 우회상장을 전문으로 추진하는 이들에게는 매우 매력적인 회사였을 것이다. 하지만 우회상장이라는 표현조차 너무 생소한 양민석 대표에게 그들의 말은 이상하게 들렸다. 장점만을 설명하니 신뢰하기 어려웠다.

"투자자들의 돈을 모아서 합법적인 자본의 법칙을 이용한 돈 벌기 쉬운 방법이라고 하더라고요. 그렇게 쉽게 돈을 벌 수 있다는 점을 강조했고, 몇몇 회사가 그런 식으로 거금을 벌었다는 소문도 돌았죠. YG야말로 먼저 우회상장을 해야 하고, 또 이런 방법으로 돈을 크게 벌어야 하는 회사라고 하면서 100군데 넘는 곳에서 연락이 왔습니다. 그 가운데 고르고 골라서 두 곳 정도 미팅을 했어요. 그런데 설명을 들으면 들을수록 의구심만 더 커지는 겁니다. 그렇게 쉽게 큰돈을 만지고 100퍼센트 대박을 터뜨릴 수 있다는 호언장담이 제 성격에 맞지 않았어요. 돈도 좋지만, 왠지 YG가 하기에는 명예롭지 않은 일이라는 느낌도 강했고요."

결정만 하면 단번에 100억 원을 벌게 해준다는 제안도 있었다. 무척 매력적인 제안이었지만, 사탕발림한 말일수록 조심해야 한다는 생각이 들었다.

"한두 번 미팅한 뒤 만남 자체를 거절했더니 연락을 끊더군요. 그때

제 마음속에는 '지금 YG는 우회상장은 아닌 것 같은데, 그러면 뭐가 남지? 그래, 직상장으로 가자!'라는 판단이 섰어요."

회사가 직상장을 할 수 있을 정도로 충분히 성장한 것은 아니었다. 하지만 앞뒤 없이 무조건 우회상장하라는 권유에 질린 터라 직상장을 시도하는 것으로 마음을 굳혔다. 여기에는 또 다른 이유도 있었다. 당시 소속 가수들의 재계약 건으로 큰돈이 필요한 나머지 어느 창투사로부터 일정 금액을 투자받았는데, 이후 과정이 만만치 않았기 때문이다.

"전환상환우선주라는 계약을 했어요. 그쪽에서 상환을 요구하면 돈을 갚고, 회사가 잘된다 싶으면 주식으로 전환하는 조건이었죠. 그런데 투자를 받고 나니 회사 자금 운용에 엄청난 관리가 들어오더라고요. 회사의 모든 자금 운용 계획을 세워서 그쪽 회사와 공유하고 보고하고, 상당 부분 컨트롤을 받는 '동거생활'을 겪었어요. 당시에는 특정 가수와 어떻게든 재계약을 해야 한다는 급한 마음에 자금 마련을 위한 투자를 받았는데, 선급금 이후로 또 한 번 남의 돈을 쓰는 것에 대한 무서움을 알게 된 거죠. 덕분에 경영관리가 무엇인지에 대해 다시 한 번 철저히 배우고 공부하게 되었습니다."

양민석 대표는 이때의 경험이 상당히 의미 있다고 평가했다. 주식 상장을 결정하고 무리 없이 추진할 수 있는 기틀을 마련해준 계기였다. 창투사 투자를 받고 나서는 분기별로 자금 현황에 대해 보고하고, 안건별로 이사회를 개최하거나 주총을 해야 하는 등 작은 회사에서 의사봉을 두드리는 상황이 자주 발생했다. 이전까지는 경험해보지 않

YG는 다르다

았던 일들이었다. 이때 투자를 받은 경험과 훈련이 YG를 한 단계 더 도약시키는 디딤돌 역할을 한 것이다. 양민석 대표 입장에서는 상장기업의 CEO가 되기 전에 사전 훈련을 충분히 받았다고나 할까.

"엄청 세게 받았죠. 마지막 상장 의사결정을 할 때 이사장님에게 '저는 이미 상장회사 경영을 하는 수준의 강한 경험을 해본 적이 있습니다'라고 토로했을 정도예요. 분기별 계획이나 과거 실적 보고, 회사 운영 상황에 대한 정보를 투자자와 공유하고 투명하게 회사 사정을 공개하는 습성이 그때 굳어진 셈이죠. YG가 직상장 의사를 주위에 밝혔을 때 몇몇 지인이 '상장하면 얼마나 신경 쓰이는 일이 많고 귀찮은데'라며 만류하기도 했어요. 하지만 저도 창투사 등 외부 투자를 받은 경험이 이미 충분했거든요. 상장 후 경영에 대한 경험을 미리 쌓은 겁니다."

그 외에 한 가지 더, 직상장을 하기로 한 결정적 이유가 있다.

"YG가 충분한 자금으로 더 큰 사업, 새로운 도전을 위해 나서야 할 시점에서 회사를 안정되게 지원할 수 있는 유일한 방법이라고 판단했습니다."

그런데 막상 직상장을 하려고 하니 아는 게 없었다. 직상장을 어떻게 하는 건지 궁금해진 양민석 대표는 늘 하던 대로 아는 사람을 찾아다니기 시작했다.

"여의도 증권사에 취직한 친구들을 쫓아다니며 괴롭히기 시작했어요. 첫 번째로 들은 조언은 먼저 상장 컨설팅을 해줄 만한 증권사부터 고르라는 것이었어요. 그래서 일을 진행해줄 만한 개인 컨설턴트를 고용해서 6개 증권사에게 공개 프레젠테이션을 받고 싶다고 요청을 했어요. YG가 직상장을 한다는 가정 하에 어떤 절차를 거쳐야 하는지에 대해서 알려달라는 단서를 달았죠."

공개 프레젠테이션에는 거의 모든 증권사들이 왔다. 그리고 공개 프레젠테이션을 통해서 대우증권을 주관사로 선택했다. 그런데 대우증권을 주관사로 선택한 이유가 참 재미있다.

"그때 대우증권을 주관사로 선택한 이유는 제안하는 공모가가 제일 낮았고, YG의 상장 비전을 가장 안 좋게 제시했기 때문입니다."

이상한 일이다. 공모가도 낮게 제시하고 회사 비전에 대해 안 좋게 이야기해주는 증권사를 주관사로 정하다니. 청개구리 심보가 느껴졌다. 이에 대해 양민석 대표는 다음과 같이 밝혔다.

"증권사 순위나 이런 걸 떠나서, 장밋빛 미래만 이야기한 게 아니고 이런저런 리스크가 있다고 말해주어서 오히려 신뢰가 갔어요."

그렇게 대우증권과 작업을 시작해서 양민석 스타일대로 기초부터 차근차근 배우고 준비한 끝에 6년이라는 시간이 흐른 2011년 11월 23일, 드디어 YG는 코스닥 시장에 상장하게 되었다. SM에 이어 국내 가요 기획사들 가운데 두 번째로 코스닥 직상장에 성공한 것이다. 당시 YG가 코스닥 시장 입성을 앞두고 실시한 주식 공모에는 총 3조 6000억 원의 막대한 시중 자금이 몰려들어 가요계는 물론이고 증권가를 놀라게 했다. YG의 실질적인 수장이자 대표 프로듀서인 양현석의 리더십과 재능, 어떤 어려움이 있어도 회사의 자금이 흐르게 해 개성 있는 가수들의 제작을 가능하게 한 양민석의 성실함과 우직함이 만들어낸 결과였다.

서두에 언급했지만 현재 YG는 시가 총액 7006억 원(2015년 2월 2일 종가 기준)으로 1063개의 코스닥 상장기업 중 30위에 올라 있다. 하지만 양민석 대표는 눈으로 보여지는 이런 숫자에 연연하지 않는다. 주가에 대한 스트레스도 남의 일이다. 확실한 원칙이 있기 때문이다.

"제가 열심히 최선을 다해서 노력한다면 주가 때문에 스트레스를 받을 이유가 없습니다. 경영자가 주가에 신경을 쓴다는 건 회사 운영을 못하는 것이고, 그래서 주가를 핑계로 욕을 먹는 것이라고 생각합니다. 그래서 주가에 대해 신경 쓸 시간에 YG가 더 발전하고 도약하는 데 제가 조금이라도 더 기여할 수 있도록 늘 고민하고 행동합니다. 주가는 제 마음대로 되는 게 아니니까요. 또 YG의 시가 총액이 높으면 좋긴 한데, 그게 실질적으로 현석 형이나 제 돈은 아닌 거예요. 눈에 보이는 숫자일 뿐이죠. YG 주식을 사신 분들한테 책임감을 갖고 열심히 할 뿐이지, 시가 총액이나 주가에만 관심을 쏟지는 않습니다."

양민석 대표의 이런 원칙 덕분에 YG는 수많은 엔터테인먼트 기업들의 부침 속에서도 건실한 성장과 눈에 띄는 사업 확장을 꾸준히 이루어올 수 있었다.

도전에 한계를 두지 않는 아티스트
씨엘

/ 자기만의 색깔과 철학이 분명한 여자, 씨엘 /

2013년, 투애니원의 멤버이자 리더인 씨엘이 싱글 앨범을 출시했다. 앨범의 제목은 '나쁜 기집애'. "무슨 걸그룹 멤버의 솔로 앨범 이름이 이래?"라고 고개를 갸웃거리는 사람도 참 많았다. 하지만 그녀에 대해 잘 알고 있는 이들과 그녀의 팬들은 "역시 씨엘답다"라며 고개를 끄덕였다. 이에 대해 씨엘에게 왜 앨범 제목을 그렇게 지었는지 물어본 적이 있다.

"'나쁜'은 악한 게 아니라 멋있는 여자를 뜻해요. 미국에서는 '배드(bad)'라고 하면 비속어로 '멋있다'에 가깝잖아요. 거기에 착안해서 '멋있는 여자', 즉 '나쁜 기집애'로 제목을 지었어요. 무대에서도, 뮤직비디오에서도 악한 여자가 아니라 멋있는 여자를 표현하고자 했고요."

그녀의 이야기는 거침이 없었다. 묻지도 않았는데 설명이 계속 이어졌다.

"사실 힙합은 문화잖아요. 삶에서 우러나오고, 자기를 표현하고, 하나의 놀이이고 시죠. 저는 그 문화를 보고 감동받으면서 큰 사람이에요. 그렇기 때문에 힙합을 어떤 정신 상태라고 생각하는 편이에요. 나를 표현하는 하나의 놀이고, 제한을 두지 않는 그런 것? 저만의 색깔을 표현하고, 저만의 해석으로 '나쁜 기집애'를 표현하는 것도 그런 거죠."

대한민국에서 어느 걸그룹의 멤버가 이처럼 당당하게 자신만의 '철학'을 이야기하고, 자기 앨범 작명 배경에 대해 이렇게 상세하게 설명할 수 있을까? 그런데 씨엘은 늘 그랬다.

데뷔 이후 한결같이 그녀는 애써 예쁜 척하지도, 자신을 꾸미지도 않았다. 그저 그동안 자신이 준비해왔던 대로 있는 그대로의 모습을 보여왔고, 대중은 그런 그녀에게 열광했다.

YG를 대표하는 걸그룹 투애니원의 리더이자 여러 장의 싱글 앨범을 낸 여성

뮤지션. 패션을 포함한 트렌드를 선도하는 셀러브리티(celebrity). 더 나아가 자신만의 색깔과 철학이 분명한 새로운 여성상의 대표적인 인물로 많은 사람들의 사랑을 듬뿍 받고 있는 아티스트 씨엘을 만나 그녀의 삶과 사람, 그리고 음악에 관한 이야기들을 들어보았다.

/ 씨엘로의 삶, 이채린으로의 삶 /

어린 시절에 외국 생활을 오래했다고 들었다. 특히 일본. 그때 이야기를 좀 들려준다면?

열두 살까지 일본에 있었어요. 아버지가 쓰쿠바대학교에서 공부하실 때도 있었고, 이후 교환 교수가 되셨을 때도 있었죠. 그곳 유치원을 예전에 〈2NE1 TV〉 찍을 때 다시 가봤는데, 생소했어요. 딱 교실 하나, 창문 하나만 "여기에 앉아서 놀았는데" 하는 기억이 났어요. 유치원 안보다는 오히려 무당벌레, 개구리랑 놀았던 추억이 떠올라요. 자연환경이 좋았던 쓰쿠바에는 유난히 무당벌레가 많았는데, 아버지가 저한테 무당벌레를 보고 무서워하지 말라고 "무당벌레는 너의 친구다. 땡땡이 옷을 입은 아줌마 벌레다"라고 항상 알려주셨어요. 툭 치면 콩처럼 되는 콩벌레도 있었고요. 그때 많이 뛰어 놀고 그랬던 기억이 나요. 학창 시절을 돌아보면 전교생이 100명이 넘는 학교는 다닌 적이 없어요. 그때는 나이, 남녀 상관없이 다 친구였죠. 남자아이 같은 성향은 있었던 것 같아요. 다 같이 놀러 다니고, 바보같이 긍정적이고, 그런 부분들이 있었던 것 같네요.

그렇다면 한국에서의 어린 시절에 대한 기억은 없는 편이겠다.

없기는요. 방학 때마다 한국에 왔었는데. 할머니 집에 가족들 다 같이 한두 달 정도 보내다 갔어요. 그때 기억들은 이상할 정도로 확실하게 자리를 잡고 있어요. 한 네댓 살쯤이었던 것 같아요. 일본에 있다가 잠깐 한국에서 유치원 여름 코스를 다니고 그랬어요. 아직도 외할머니가 그때 이야기를 해주세요. 혼자 유치원을 다니고, 동네 언니들을 다 끌고 다니면서 스티커 나눠 가지고. 여자들이 모으는 스티커 뭔지 아시죠? 놀이터에서 놀고, 남자애들이랑 뛰어다니고. 동네 사람들이랑 다 친하게 지냈어요. 생일이면 '내 생일'이라고 써서 대문 앞에 붙여놓고 사람들을 너무 많이 초대해 외할머니가 곤란해 하셨다는 이야기도 들었죠. 아이들 모아서 쓰레기 주우러 다니고 그랬어요. 아직도 그곳이 기억나요. 자곡동인데, 지금은 사실 너무 많이 변했어요. 못골마을이라고 하는 데였는데 유치원이랑 슈퍼마켓 하나 있고, 주택 있고, 산 있고 그런 곳이었죠. 산도 저 혼자 다니고 그랬다고 하더라고요. 지금은 다 개발되어서 길을 헷갈릴 정도예요. 너무 아쉽죠.

부모님 이야기를 듣고 싶다. 지금의 씨엘이 있기까지는 '대단한 어머니'가 뒤에 계셨다는 이야기를 들었다. 어머니는 어떤 분이신가?

부모님 두 분 다 예사 분들은 아니시죠. 아버지는 항상 바쁘셔서 언제나 같이 있었던 건 아니에요. 하지만 같이 있는 시간만큼은 소중하게 보낼 수 있게 해주셨어요. 정말 자유롭게 자랐어요. 아버지는 교수신데도 항상 청바지와 티셔츠 차림을 고집하시고. 집에는 TV와 소파가 없었어요. 다른 친구 집엘 가서야 내가 아주 다르게 살고 있구나 하는 걸 알았죠. 아버지는 세상을 이렇게 봤으면 좋겠다는 걸 말이 아닌 행동으로 보여주신 분이에요. 어머니는 지금 생각해도 정말 대단하신 분이에요. 자유롭고 아티스트적 마인드를 지닌 아버지를 모두 안고 지금까지 사셨으니까요. 그게 쉬운 일이 아니라는 걸 커서 깨달았어요. 옛날 사진을 보면 어머니는 젊었을 때 정말 독특한 패션을 즐기셨더라고요. 그런데 아버지를 만나고부터는 청바지에 흰 티를 입고 운동화를 신고 다니시게 됐죠. 그 정도로 아버지를 받아들이셨어요. 젊으실 때 아버지를 만나 저를 가지셨는데, 그래서인지 엄마랑 친구처럼 지내요. 매일 연락하죠. 엄마랑 저랑 여동생이랑 친구처럼 지내요. 그래서 어릴 때 따로 친구가 필요하거나 그러지는 않았던 것 같아요.

/ 글로벌 아티스트로의 성장을 준비하다 /

씨엘 하면 '긴 외국 생활을 한 사람치고 한국어를 정확하게 구사한다'는 느낌이 있다. 덕분에 '글로벌한 감각이 있다' 또는 '외국어를 잘한다'라는 이미지도 있고. 한국적인 것과 글로벌한 감각은 어떻게 밸런스를 맞출 수 있었는가?
외국에서 오랫동안 생활하다 보니 한국어 수업을 정식으로 받은 적은 없어요. 하지만 부모님께서 우리말을 아주 자연스럽게 가르쳐주셨죠. 집에서 가족끼리는 우리말만 쓰시고, 가끔 그림을 그리면서 노트에 한글을 써주시고 그랬어요. 그런데 YG에 들어오고 나니 우리말을 조금 더 제대로 배워야겠다는 생각이 들더라고요. 그래서 데뷔 전 1년 반 만에 검정고시 세 개를 다 땄어요. 초등학교, 중학교, 고등학교 과정을 6개월에 하나씩 끝낸 셈이죠. 그런 저를 보면서 다들 "그 공부를 왜 해?", "대학 갈 거야? 아니라면 굳이 필요하지 않을 텐데"라고 하셨죠. 그런 것과 상관없이 제가 떳떳하기 위해, 제가 하고 싶어서 그랬어요. 일본에서 유치원을 나왔고, 초등학생 때부터는 일본에서 미국 학교를 다녔어요. 일본에는 정말 큰 외국인 학교도 있지만, 제가 다닌

곳은 스무 명 정도의 학생들이 있었어요. 정말 감사한 것이, 그때 정말 다양한 인종의 사람을 만나게 됐어요. 인디안, 아프리칸, 라티노까지 정말 다 있었어요. 덕분에 인종에 대한 편견을 갖지 않게 되었죠. 어릴 때 생일파티를 하거나 친구 집에 놀러 가면 각자 다른 전통과 문화를 접해볼 수 있었어요.

유럽에서도 꽤 생활했던 것으로 알고 있다. 유럽에는 혼자 간 것인가?

한국에 잠깐 와서 미국 학교를 1~2년 정도 다니다가, 한국에 있는 프랑스 학교를 다니게 되었어요. 그러다 프랑스 파리에 있는 학교를 다니게 됐죠. 많이 왔다 갔다 했어요. 어머니가 영어는 할 줄 알고 일본 문화도 잘 아니까 다른 시도를 해보면 어떻겠냐고 하셔서 프랑스로 갔어요. 프랑스에는 혼자 갔어요. 파리에서 2년 정도 있으면서 홈스테이를 했죠. 그래서 더 빨리 프랑스가 어떤 곳인지 알 수 있었어요. 유학생 친구들을 보면 외국어를 배우지 않은 친구들도 많더라고요. 큰 학교를 가게 되면 아시안끼리 뭉쳐 다니고, 거기서 외국어 한 마디 안 쓰는 친구들을 많이 봤어요. 저는 홈스테이를 하는 중이라서 그럴 수는 없잖아요. 가서 거기 음식도 먹고, 생활방식도 보고 느낄 수 있어 좋았죠. 저는 정말 복 받았어요. 가장 평범한 가정으로 홈스테이를 갔던 것 같아요. 친구들 보면 옮겨야 되는 경우도 있었는데, 저는 정말 좋은 분들 만나서 재미있게 지냈어요. 제 동생은 일어 대신 중국어를 하는데, 사실 사춘기 때는 되게 헷갈리고 고민됐어요. 한국에 와서도 그 문화에 속해 있지 않고, 외국에 나와서도 그냥 아시안이고. 저희끼리는 외계인이라고 불렀어요. 부러워하는 분들도 많지만, 직접 경험한 입장에서는 그게 고민인 적도 많았죠. 겉으로 본다면 많은 언어를 할 수 있다는 게 장점이겠지만, 사실 불안정한 느낌도 있었어요.

/ 사랑스럽고 환상적인 씨엘의 사람들 /

씨엘 하면 다양한 인맥으로도 유명하다. 특히 미국의 유명 의류 및 잡화 브랜드인 크롬하츠(Chrome Hearts)와의 인연이 놀라운데, 어떻게 친분을 쌓게 된 것인가?

크롬하츠를 알게 된 건 참 우연이었어요. 옛날에 원타임 오빠들이 국내에 이 브랜드가 알려지기도 전에 크롬하츠를 착용하고 있었어요. 제가 YG에 들어오기 전 홍콩으로 가족 여행을 갔는데 제가 부모님께 그랬어요. "나는 여러 가지 작은 거 안 사고 크롬하츠 딱 하나만 사겠다"고요. 크롬하츠가 워낙 고가니까. 그래서 홍콩 매장에서 후드 티셔츠 하나를 사왔어요. 그때는 YG에서도 아마 테디 오빠 혼자만 크롬하츠를 알고 있었을 거예요. 투애니원 녹음 시작하면서 한번은 홍콩에서 샀던 크롬하츠 후드 티를 입고 왔어요. 테디 오빠가 보더니 "너 이거 뭔지 알아?" 하고 묻더라고요. 그래서 좋아하는 브랜드라고 했죠. 그랬더니 "좀 아는데"라고 말하더라고요. 기뻤어요. 크롬하츠를 가장 좋아하는 이유는 그 독창성 때문이에요. 부부가 같이 크롬하츠라는 팩토리를 하는데, 미국 갔을 때 화보 촬영하면서 방문도 했어요. 그분들과 이야기를 나누다 보니 정말 장인 정신을 갖고 계시더라고요. 한 우물만 파면서 자기 일에 열정과 사랑을 쏟는 모습에 감동을 받기도 했고요. 저랑 잘 통했어요. 크롬하츠 오너의 딸 제시 조 스탁(Jesse Jo Stark)은 저랑 동갑인데 통하는 게 무척 많아요. 제시 조 스탁은 부족함이 없는 큰 회사 오너의 딸인데도 순수해요. 둘이 이야기도 많이 하고, 자주 연락하면서 지내요. 제시 조 스탁이 한국에 처음 왔었을 때 노래 한 곡 같이 해보자 한 게 백화점 즉석 공연이었어요. 잼(jam, 즉흥연주)을 하듯이 재미로 한 거죠. 제시 조 스탁하고는 외국에 있는 다른 친구들처럼 사소한 이야기도 많이 나누면서 지내고 있어요. 크롬하츠는 "이걸 내 딸한테 물려줘야지" 하는 분위기가 아니에요. 딸도 아빠 엄마가 일하는 걸 보고 자라면서 디자인 작업을 좋아하게 된 경우고요. 엄마도 딸이 만든 게 마음에 들면 입어보고 칭찬해주고 그래요. 그냥 자연스러운 분위기죠. 딸이 책임감을 갖고 회사를 물려받게 하기보다는 자기가 좋아하는 걸 그냥 하게 놔둔달까요. 그러니까 제시 조 스캇도 마음의 문을 열고 회사를 물려받고 싶은 마음이 커지는 것 같아요. 건강한 시스템이라고 느꼈어요.

떠오르는 미국의 천재 디자이너 제레미 스캇(Jeremy Scott)과의 친분 역시 각별하다고 들었다.

처음 제레미 스캇과 만나게 된 건 〈파이어〉 뮤직비디오 때문이었어요. 그때 저희가 제레미의 신발을 신고 나왔는데, 제레미가 유튜브에서 그 영상을 봤대요. 그래서 이런 애들이 있구나 해서 한국에 온 거죠. 한국에서 화보 촬영을 같이 하면서 친해졌죠. 제레미는 처음 보는 순간 내 사람이라는 걸 느꼈어요. 제가 열여덟 살 때였는데, 그때도 제레미는 지금과 같은 모히칸 스타일이었어요. 두 번째 만났을 때는 밥도 같이 먹고 스튜디오에서 테디 오빠, 빅뱅 오빠들도 만나고 그랬어요. 외국 디자이너와 그렇게 친하게 지내는 경험은 처음이었죠. 제레미는 정말 사랑이 넘치는 친구예요. 예전부터 제게 관심을 많이 기울여줬어요. 이제는 그냥 제 언니 같은? 제가 모든 걸 다 나눌 수 있는 사람이에요. 저는 어렸을 때부터 어른들이랑 자주 어울렸던 덕분에 '소울 에이지(Soul Age)'라는 걸 믿어요. 세상이 따지는 나이는 전혀 상관없다고 생각해요. 저는 어렸을 때부터 어른들을 만나 그 사람의 인생 이야기를 듣는 것이 가장 재미있었어요. 사실 제레미의 인생도 파란만장하거든요. 그런 걸 듣기를 좋아했어요. 제레미는 칼 라거펠트(Karl Lagerfeld) 밑에서 배운, 그가 '내 사람'이라고 말할 정도로 샤넬의 후계자나 다름없었어요. 그런데 제레미는 "샤넬을 물려받을 수도 있었지만 그러고 싶지 않았다. 난 나이고 내 것이고 싶다. 제레미 스캇이고 싶다'라고 말했어요. 그래서 제레미는 자신의 브랜드를 만들게 된 거고요. 그만큼 자기 생각이 강해요. 지금도 미국에서 비욘세(Beyoncé), 마돈나(Madonna), 케이티 페리(Katy Perry) 같은 세계적 팝 스타들의 옷을 만들고 있어요. 저는 그 정도로 유명하지도 않은데 잘해주니까 정말 고맙죠. 가끔 아무 이유 없이 "널 사랑해"라고 말해주곤 해요. 정말 좋은 친구를 뒀다고 생각하고, 멀리 떨어져 있어서 그런지 더 각별하고 어떤 로맨틱한 게 있는 것 같아요.

친하게 지내는 디자이너들 가운데 카스텔바작(Jean-Charles de Castelbajac)은 좀 의외다. 나이 차가 상당한 것으로 아는데?

한 마흔 살 정도 되나? 저는 진심으로 카스텔바작을 존경해요. 그분은 교황에게 무지갯빛 사제복을 입힌 역사적인 인물이에요. 만나서 이야기를 들으면, 정말 살아 있는 역사책 같아요. 제 친구의 아는 분이 카스텔바작의 전시회를 맡아서 하고 있었는데, 한번 놀러오라 그러시더라고요. 그런데 제 주변 아무도 카스텔바작이 전시회를 여는 걸 모르더라고요. 그래서 안 하던 SNS에까지 2년 만에 글을 올려서 홍보를 했어요. 제 또래 사람들이 조금이나마 더 많이 전시회를 보고 같이 느낄 수 있다면 얼마나 좋을까 하는 생각이 들어서요. 그 인연으로 이후 바작 아저씨와 같이 밥을 먹으면서 이야기도 나누고 좋은 친구가 됐죠.

정말 씨엘의 사람들은 직업이나 연령대, 삶의 여정 등 스펙트럼이 가늠할 수 없을 정도로 넓은 것 같다. 뮤지션 중에는 스눕 독(Snoop Dogg)과 에이셉 라키(A$AP Rocky), 그리고 윌아이엠(Will.i.am)과도 친분이 있다고 들었다.

최근에는 스눕 독이나 에이셉 라키와 친해요. 에이셉 라키는 우연히 영국에

156 _____

화보 촬영차 갔다가 파티에서 만났어요. 저를 이미 알고 있더라고요. 알고 보니 제레미 스캇이랑 베스트 프렌드인 거 있죠. 그렇게 같이 이야기하고 사진 찍고 즐거운 시간을 보냈어요. 그 이후에 제레미의 쇼를 보러 미국에 갔었는데, 거기서 다시 만나서 더 친해졌어요. 에이셉과 함께 온 디자이너들도 만났는데, 제 또래더라고요. 또래는 또 어른들과는 다른 매력이 있죠. 요즘 뭐가 재미있고, 어떻게 지내고, 그런 사소하고 자연스런 이야기를 나누면서 "지용 오빠랑 다를 게 없구나" 하는 생각이 들었어요. 제가 항상 보라색 포도맛 껌만 씹는데, 그걸 주니 아주 맛있다고 해주고. 언젠가 피처링도 꼭 해주고 싶다고도 했어요. 스눕 독은 처음 봤을 때 매우 귀엽고 만화 캐릭터 같았어요. 어렸을 때부터 그의 음악을 많이 듣고 보면서 자랐으니 존경한다고 말하고, 공연 끝나고 이야기하면서 네다섯 시간을 보냈어요. 그때 〈나쁜 기집애〉가 나오기 전이었는데, 음악도 들려줬고요. 사실 사소한 이야기를 더 많이 해요. 코리안 바비큐 어디서 먹어야 되냐고 물어보면 위치 알려주고, 제 액세서리를 어디서 만들었는지 궁금해 하고요. 아니면 그냥 음악 틀어놓고 춤추고 그래요. 스눕 독은 이야기를 많이 해주는 사람은 아니지만 사소한 행동에서 배울 게 많아요. 윌아이엠 같은 경우는 미래적이고 기계적인 걸 좋아해요. 그런 부분에 대해서 배울 점도 많고요. 저는 항상 인연은 믿지만 운명은 믿지 않는다고 말해요. 인연은 너무 아무렇지도 않게 찾아오지만, 내가 이 사람의 운명적인 사람이 되느냐는 저 하기에 달려 있으니까요.

/ 아티스트로서 다양한 도전을 꿈꾼다 /

2014년 2월, YG 패밀리의 선두 주자로 가요계에 컴백한 투애니원의 새 앨범에 담긴 노래들은 한 달 가까이 음원 차트와 가요 프로그램을 뜨겁게 달궜다. 이후에 시작된 월드투어는 큰 반향을 일으켰다. 1년에도 수십 개 이상의 걸그룹이 등장했다가 소리 소문 없이 사라져버리는 가운데 삼촌 팬들의 보호본능을 자극하는 귀여움도, 입에 오르내리는 섹시함도 없이 오로지 음악과 개성 있는 무대 매너와 카리스마로 이처럼 오랫동안 팬들의 사랑과 지지를 받는 걸그룹은 흔치 않다. 아니, 어떤 평론가의 말처럼 "투애니원은 뭐라 규정할 수 없는 독특한 매력이 있는, 지금도 그리고 앞으로도 한국에서 쉽게 보기 드문 걸그룹"임에 틀림없다. 그리고 그 중심에 씨엘이 있다.

투애니원이 오랫동안 성공 스토리를 써나가고 있는 이유로는 여러 가지가 있겠지만, 가장 큰 요인 중 하나가 바로 리더 씨엘의 존재다. 양현석은 2014년 투애니원 컴백을 앞두고 "투애니원은 이제부터 시작이다. 컴백 앨범에서 리더 씨엘이 작사·작곡에 참여하며 뮤지션으로 더 향상된 자신의 기량을 드러냈는데, 향후 투애니원의 5년 활동을 이끄는 자산이 될 것이다"라고 말했다.

실제로 2014년 2월에 발매된 투애니원의 정규 2집 앨범 《크러쉬(CRUSH)》의 수록곡 중 〈살아봤으면 해〉는 씨엘이 직접 작사·작곡을 했다. 감미로운 피아노와 독특한 스트링 선율이 조화를 이루는 가운데 웅장한 드럼 비트가 듣는 이의 마음을 때린다. 리더 씨엘이 직접 만든 노래가 투애니원 2집 앨범의 주요 곡 중 하나로 부상한 건 의미심장하다. 빅뱅의 지드래곤이 뛰어난 제작과 기획 능력을 갖춘 리더로서 활동한 것이 오늘의 세계적인 그룹 빅뱅을 키우는 데 엄청난 공헌을 했기 때문이다. 투애니원도 씨엘이란 지드래곤 스타일의 리더를 보유함으로써 그룹 내구성과 파워를 몇 단계 업그레이드하는 데 성공한 셈이다.

특히 씨엘의 경우, 투애니원 정규 2집 앨범 《크러쉬》가 빌보드200 차트에서 역대 K팝 신기록을 수록한 데 이어 자신이 참여한 스크릴렉스의 앨범이 빌보드200 톱10 안에 진입하는 데 성공, 글로벌 팝 음악계에서 그 가치를 인정받고 있다. 그럼에도 씨엘은 지금까지 이룬 성과에 만족하고 안주할 생각은 없는 듯하다.

"솔직히 저는 힙합을 매우 좋아하고 그게 제 베이스이지만, 저를 래퍼로만 한정 짓고 싶지는 않아요. 노래도 많이 했고 춤도 좋아하기 때문에 한계를 두지 않고 음악을 많이, 다양하게 할 수 있는 사람이고 싶어요."

이렇듯 다채롭고 무궁무진한 매력을 뿜어대는 그녀에게 한번 푹 빠진 팬들은 좀처럼 빠져나오지 못한다. 하지만 정작 그 자신은 겸손하다.

"같은 여성분들이 저를 봤을 때 '쟤도 하는데 왜 난 못해?'라고 생각하셨으면 좋겠어요. 이건 제 경험에서 우러나온 거예요. 못하는 건 없어요. 이건 확신할 수 있어요. 저도 항상 살면서 더 멋진 분들을 보고 '저 사람이 할 수 있는데 왜 난 못해?'라고 생각하며 열심히 하고 있어요. 다른 분들도 저를 보면서 포기하지 마셨으면 좋겠어요."

따뜻한 인간미에 타고난 재능을 더한, 어쩔 수 없는 뮤지션. 그녀가 바로 씨엘이다.

더 넓은 세계를
향한 질주

첫 외부 영입 아티스트 싸이, 세계로 비상하다

고통을 딛고 자유를 느낀다, 에픽하이

새로운 도전, K팝 스타와 이하이

또 다른 승리를 꿈꾼다, 위너

팬들과 같이 늙고 싶다

1

첫 외부 영입 아티스트 싸이,
세계로 비상하다

> 글로벌 흥행의 시작은 분명히 유튜브가 맞다. YG를 좋아하는 팬들이 먼저 〈강남 스타일〉 뮤직비디오를 찾았다. 여기서 연쇄 폭발이 터지면서 세계 방방곡곡에 〈강남 스타일〉의 멜로디와 말춤이 퍼져나간 것이다. 사실 싸이의 인기는 누구나 예측 못했을 것이다. 여섯 살 꼬마아이까지 싸이를 아니까. 21억 뷰는 정말 말도 안 되는 기록이다. 평생 못 깰 기록이다. 우리가 알고 있는 전 세계적으로 유명한 가수들인 비욘세, 리한나 등의 뮤직비디오를 유튜브에서 찾아봐도 2억 뷰밖에 안 된다. 근데 싸이는 그것의 10배를 웃돌고 있다. 싸이가 이룬 업적이라고 해도 과언이 아니다. **- 양현석**

2012년 10월 16일. 차가운 가을 저녁 시간에 서울 한복판 시청 앞 광장은 말 그대로 '난리가 났다.' 시청 광장에 마련된 무대에 한 가수가 올라 마이크에 입을 대는 순간, 광장은 물론 인근 도로까지 가득 메운 수만 명의 인파가 하나가 되어 환호성을 지르며 한판 춤판을 벌인 것이었다. 그 가수는 바로 싸이, 그가 부른 노래는 바로 〈강남 스타일〉이었다. 이날 싸이와 함께 〈강남 스타일〉에 맞춰 말춤을 춘 시민들의 숫자는 무려 8만 명에 달했다(조사 시간대에 따라 6만 명에서 최대 11

YG는 다르다

만 명까지 차이가 있음을 밝혀둔다).

2012년 7월에 발표된 〈강남 스타일〉은 싸이와 YG의 합작품이다. 싸이는 YG에서 처음으로 외부에서 영입한 아티스트다. 그동안 YG의 행적을 살펴보면 양현석이 직접 발굴한 신인 외에 기성 가수와 계약을 맺은 사례가 전무하다. 단순히 양현석 회장이 친분이 있는 기획사의 가수 활동에 도움을 주거나 조언을 해주는 정도에 불과했다. 물론 인재에 대한 양현석의 욕심은 끝이 없다. 어쩌면 그건 누구나 마찬가지일 것이다. 하지만 어떤 가수의 재능이 탐나고 부럽더라도 남이 애써 키운 가수에게 유혹의 손길을 보내지 않는 사람이 양현석이다. 때문에 2010년 8월, 싸이가 YG에 합류한다는 소식이 전해졌을 때, 그것도 계약금도 없이 전속 관계를 맺었다는 사실에 관계자들은 물론이고 팬들도 의외라는 반응을 보였다.

2001년 1월에 〈새〉라는 곡으로 데뷔한 싸이는 독특한 노랫말, 특이한 춤과 외모로 순식간에 화제를 불러 모았다. 그의 코믹하고 엽기적이기까지 한 동작은 세간의 주목을 받기에 충분했다. 덕택에 '엽기 가수' 혹은 '코믹 가수' 등의 이미지를 얻으며 가요계에 새로운 유형의 가수가 등장했음을 알렸다. 하지만 그해 말 대마초 혐의로 구속되고, 이듬해인 2002년 1월에 새 앨범을 냈지만 19세 미만 청취 금지로 판매 금지를 당하는 등 가수로서의 커리어는 평탄하지 않았다. 그런 싸이가 본격적으로 스타의 반열에 오르게 된 것은 2002년 9월에 발표한 〈챔피언〉이란 곡 덕분이다.

2002년에 치러진 한일월드컵에서 한국 팀은 4강이라는 엄청난 성

"이미 스타로 올라선 가수들에게는 제가 더 이상

가르치고 지도할 것이 없어요. 저는 조언만 할 뿐입니다.

소금 같은 역할을 하는 거죠. 그런 YG표 스타들을 계속해서

많이 배출하는 것이 저의 소명 아닐까요?"

소속 가수가 자기 색깔을 잊지 않고

자신만의 음악을 만들어가도록 하는 것. 이것이 YG의 역할이다.

그리고 그러한 YG의 시스템에서 자신만의 역량을

마음껏 발휘하는 사람이 YG표 스타가 되는 것이다.

적을 거두며 국민들을 열광시켰고, 전 세계인들을 놀라게 한 '거리응원' 문화를 만들어냈다. 한국 팀의 경기가 있을 때면 너 나 할 것 없이 많은 사람이 거리로 쏟아져 나와 자연스럽게 하나가 되어 응원을 했다. 응원을 이끄는 단체나 사람이 없음에도 일체의 불미스러운 일 없이 열광적으로 응원하는 모습은 그 어느 시대, 어느 나라에서도 보기 힘든 모습이었다. 이런 '거리응원' 문화를 경험한 이후에 나온 곡이 바로 싸이의 〈챔피언〉이었다.

'모두의 축제', '서로 편 가르지 않고', '진정 즐기는 그대가 챔피언' 등 쏙쏙 들어와 박히는 노랫말에 신나는 비트와 따라 부르기 쉬운 멜로디로 인해 〈챔피언〉은 분위기 띄우는 데 가장 좋은 곡으로 꼽히며 노래방에서 울려 퍼지는 것은 물론이요, 온갖 경기장에서 응원가로 널리 사용되며 큰 인기를 모았다. 지금도 큰 경기가 있을 때면 거리응원에서 가장 먼저, 가장 많이 불리는 곡이다. 덕분에 싸이는 큰 거리응원이 있을 때면 섭외 1순위다. 이후 쿨의 이재훈과 함께 부른 〈낙원〉까지 연타석 홈런을 치면서 한동안은 싸이의 전성기가 이어질 것만 같았다.

하지만 군 복무(병역특례요원)로 인한 공백과 제대 후에 터진 병역특례기간 부실 근무 논란으로 인해 현역으로 재입대하는 등 싸이는 한참 동안 침체기를 겪어야 했다. 그리고 2010년 8월, 군 제대와 함께 싸이는 YG로 이적한다는 깜짝 소식을 알렸고, 바로 두 달 후 바로 《싸이파이브(PSYFIVE)》라는 정규 5집 앨범을 발표했다.

싸이는 데뷔 초부터 자신의 노래를 직접 작사·작곡하는 싱어 송 라

YG Story 4 • 더 넓은 세계를 향한 질주

이터이자 본인은 물론 다른 가수의 앨범까지 제작 가능한 실력 있는 프로듀서였다. 게다가 인간관계가 좋고 인맥 또한 두터워서 홀로서기에 큰 문제가 없다는 평판을 받았기에 그가 본인의 기획사를 차리는 것이 아니라 YG에 소속된다는 것에 많은 사람이 의문을 표했다. 양현석의 색깔이 강한 YG에서 싸이가 과연 싸이다운 모습을 보일 수 있을까 하는 우려의 목소리도 높았다. 하지만 막상 그의 5집이 발표되고 나니 그런 우려는 싹 사라졌다. 강한 비트에 '미치고 팔딱 뛰고', '나를 걱정하는 댁은 누구신데 신경 꺼', '지금부터 미쳐볼란다'라는 노랫말의 타이틀 곡 〈라잇 나우(Right now)〉는 싸이의 귀환을 알리기에 충분했다. "이전보다 더 싸이스럽다"라는 평가와 함께 많은 인기를 얻으며 싸이는 다시 궤도에 올랐다.

"싸이나 빅뱅 등 이미 스타로 올라선 가수들에게는 제가 더 이상 가르치고 지도할 것이 없어요. 그들은 이미 프로예요. 저는 조언만 할 뿐입니다. 소금 같은 역할을 하는 거죠. 그리고 그런 YG표 스타들을 계속해서 많이 배출하는 게 저의 소명 아닐까요?"

양현석 회장의 말이다. 즉 이미 싸이는 완성된 가수기 때문에 필요한 조언만 할 뿐 나머지는 싸이에게 맡긴다는 말이다. 소속 가수가 자기 색깔을 잊지 않고 자신만의 음악을 만들어가도록 하는 것. 이것이 YG의 역할이다. 그리고 그러한 YG의 시스템에서 자신만의 역량을 마음껏 발휘하는 사람이 YG표 스타가 되는 것이다. 이런 이유 때문에 싸이가 YG에 합류한 것은 아닐까.

한때 소속사 없이 활동하던 싸이는 모든 것을 혼자 다 하려니 버거

워져서 체계적으로 관리해줄 소속사를 물색하던 중 평소 친형처럼 가깝게 지냈던 양현석을 찾았다고 한다. 아마도 친하게 지내면서 서로 음악적 견해도 나누고, 그 과정에서 YG 시스템과 양현석 회장에 대한 믿음이 싹트지 않았을까 싶다.

"싸이가 평소 지인들에게 YG 양현석 사장이 어린 시절부터 가장 동경했던 스타이며, 지금은 가장 존경하는 음반 업계의 선배로 표현했다."

당시 한 가요 관계자의 말이다. 더불어 양현석 또한 싸이가 군 문제로 가장 어렵고 힘들었던 시절에 곁에서 조언을 해주며 함께 고민을 나눠주었다고 한다. 싸이가 YG와 전속 계약을 맺게 된 데에는 이 같은 인간적 신뢰를 바탕으로 싸이의 음악적 색깔은 지키면서 체계적인 관리를 받을 수 있겠다는 실질적 판단을 내렸기 때문으로 풀이된다. 결과적으로 그 선택은 옳았다.

그리고 2012년, 싸이와 YG는 함께 그야말로 대형사고를 쳤다. 2012년 7월, 싸이는 정규 6집 앨범 《싸이6甲 Part1》을 발매했다. 타이틀 곡은 그 유명한 〈강남 스타일〉. 이 곡으로 싸이와 YG의 운명은 한순간에 바뀌었다.

발매 초기만 해도 〈강남 스타일〉은 그저 '싸이다운 곡'으로 여겨졌다. 하지만 코믹한 뮤직비디오와 말춤이 점차 인기를 얻으면서 국내를 넘어 세계로 퍼져나갔다. 여기에는 유튜브, 아이튠즈 등 YG가 기존에 구축해놓은 글로벌 네트워크가 한몫했다.

"글로벌 흥행의 시작은 분명 유튜브가 맞다. YG를 좋아하는 팬들이 먼저 〈강남 스타일〉 뮤직비디오를 찾았다. 여기서 연쇄 폭발이 터지면서 세계 방방곡곡에 〈강남 스타일〉의 멜로디와 말춤이 퍼져나간 것이다."

양현석 회장의 말이다. 이는 앞서 말한 유튜브를 이용한 마케팅 전략과도 맞물린다. 새로운 마케팅 수단으로 유튜브에 주목했던 양현석은 싸이의 〈강남 스타일〉 뮤직비디오 제작에 공을 들였다. 직접 밤새 편집까지 하고, 뮤직비디오 콘셉트에 딱 맞는 여가수를 골라야 한다는 방침을 세우고 자사 소속사에서뿐 아니라 다른 소속사 걸그룹 멤버까지 염두에 두고 물색했다. 그 결과 포미닛의 현아가 선택되었다. 물론 내부 기용설이 없던 것은 아니었다. 하지만 싸이와 〈강남 스타일〉의 콘셉트를 우선적으로 생각한 양현석은 현아가 그 역할에 제격이라며 캐스팅에 강한 영향력을 행사했다고 한다. 콘텐츠의 완성도를 우선적으로 생각하는 제작자로서의 면모가 극명하게 드러난 경우다.

그렇게 제작된 〈강남 스타일〉은 유튜브를 타고 전 세계로 퍼져나가며 선풍적인 화제를 모았다. 그해 8월 싸이는 저스틴 비버(Justin Bieber) 등을 발굴한 미국의 연예기획자 스쿠터 브라운(Scooter Braun)의 러브콜을 받고 미국으로 날아갔다. 9월에는 저스틴 비버, 머라이어 캐리(Mariah Carey) 등 세계적 팝스타들이 소속되어 있는 미국의 대형 음반사 유니버설 리퍼블릭 레코드(Universal Republic Records)와 한국을 제외한 전 세계에서의 음반 판권 및 매니지먼트 관련 계약도 체결했다. 이후 싸이는 LA 다저스 스타디움에서 말춤을 선보이고, 각종 미국 연예 방송에 출연하는 등 활발한 활동을 보여주었다. 〈강남 스타일〉은 그해 빌보드차트에서 7주간 2위를 기록하는 기염을 토했으며, 미국을 넘어 영국·네덜란드·덴마크·브라질 등 유럽과 남미 30개 국가 아이튠즈 차트 1위에 오르는 등 세계적인 인기를 자랑했다. 현재 〈강남 스타일〉은 유튜브 사상 최고의 조회 수 21억 건을 넘어서고 있으며, 최다 추천(좋아요, Like)에서도 최고 기록을 세우며 기네스북에 등재되었다.

"사실 싸이의 인기는 누구나 예측 못했을 것이다. 여섯 살 꼬마아이까지 싸이를 아니까. 21억 뷰는 정말 말도 안 되는 기록이다. 평생 못 깰 기록이다. 우리가 알고 있는 전 세계적으로 유명한 가수들인 비욘세, 리한나(Rihanna) 등의 뮤직비디오를 유튜브에서 찾아보면 2억 뷰밖에 안 된다. 근데 싸이는 그것의 10배를 웃돌고 있다. 싸이가 이룬 업적이라고 해도 과언이 아니다."

양현석은 싸이와 〈강남 스타일〉의 성공을 이렇게 평가한다. 하지만 앞으로 풀어야 할 숙제도 남아 있다.

"사람들은 새로운 신곡이 나오면 무조건 〈강남 스타일〉과 비교하는데, 이게 또 앞으로 싸이가 풀어나가야 할 숙제다. 싸이도 얼마 전에 인터뷰에서 〈강남 스타일〉의 기록은 못 깰 것이라고 말하더라. 그건 싸이가 못 깨는 게 아니라 전 세계 어떤 가수도 못 깨는 기록이다. 단호하게 말하자면 싸이는 〈강남 스타일〉을 잊어버려야 된다. 자꾸만 〈강남 스타일〉을 되뇌다 보면 그 틀에 얽매이게 된다. 〈강남 스타일〉 흥행? 이런 거 생각하지 말고 다시 자기 마음대로 음악을 만들어야 된다. 〈강남 스타일〉 이후로 싸이가 자기를 바라보고 기대하는 시선들에 둘러싸이다 보니 부담을 느끼고 예전에는 즉흥적으로 갔을 타이밍에 두세 번 고민하는 모습도 종종 보인다. 그래서 늘 말한다. '네 맘대로 만들어야 한다. 네가 YG에서만 음악 한 것도 아니고, 좋아서 만든 음악이어야 된다. 네가 좋아서 만든 음악이라 사람들도 좋아한 거다. 너무 많은 생각하지 마라.' 이것이 싸이를 향한 나의 짧은 조언이다. 싸이도 그렇게 느끼고 있다."

즉 현재의 성공에 취해 있어서는 안 된다는 말이다. 살다 보면 실패로 인해 좌절하고 주저앉게 되는 경우가 더 많지만, 때로는 성공에 취해 안주하게 되는 경우도 있다. 양현석은 이러한 부분을 지적한 것이다. 이전의 성공에 머무르지 않고, 다시 새로운 성공을 향해 나아가는 것. 이러한 태도로 인해 YG가 계속 발전을 거듭해온 것인지도 모르겠다.

이후 싸이는 세계 시장을 겨냥하고 2013년 4월 〈젠틀맨(Gentleman)〉과 2014년 6월 〈행오버(Hangover)〉를 내놓았다. 〈젠틀맨〉은 사흘 만에 유튜브 조회 수 1억 건을 넘어서며 유튜브 역대 최단 기간인 25일 만에 조회 수 3억 건을 돌파했다. 스눕 독이 피처링도 해주고 뮤직비디오에도 함께 출연해준 〈행오버〉는 '2014년 유튜브에서 가장 많이 본 K팝' 1위를 차지했다. 〈강남 스타일〉만큼의 파급력은 아니지만 세계 시장에서 싸이가 어느 정도 위치를 점하고 있음을 알 수 있게 하는 대목이다. 물론 일각에서는 싸이가 여전히 〈강남 스타일〉에 갇혀 있는 것은 아닌가 하는 평가도 있다. 하지만 양현석의 조언대로 싸이도 그렇게 느끼고 있다면, 조만간 또 싸이스러운 모습과 함께 광풍이 몰아치지 않을까.

2
고통을 딛고 자유를 느낀다, 에픽하이

> 타블로는 가수로서 한창 뻗어나가던 시절, 타진요의 악플 공격으로 인해 엄청난 상처를 받고 고통을 겪었다. 싸이도 마찬가지고. 남자들은 곧잘 군 입대를 두 번 하는 악몽을 꾸곤 하는데, 싸이는 정말 군 생활을 두 번 했다. YG는 원래 기성 가수를 영입하는 것보다 순혈 연습생을 키우는 스타일이지만, 타블로와 싸이처럼 훌륭한 뮤지션들이라면 얘기가 다르다. 먼저 계약한 타블로가 솔로 컴백에 성공했고, 에픽하이 모두가 YG에서 다시 뭉쳤다. 온갖 고생을 다한 이들에게 음악에만 전념하기 좋은 환경을 만들어주고 싶었는데, 결과가 기대 이상으로 좋아서 기쁘고 만족한다. **- 양현석**

2011년 9월, 타블로는 YG와 4년 전속계약을 체결해 주위를 깜짝 놀라게 했다. 타블로의 단짝 미쓰라진은 군 복무 중이었고, 타블로 자신은 그 전 2년 동안 타진요(타블로에게 진실을 요구합니다)의 악성 루머 공세에 만신창이 상태로 살았기 때문이다. 당시 타블로는 YG와 계약을 맺고 솔로 앨범 계약을 발표하면서 "2년 가까이 무대를 떠났다가 대중 앞에 다시 선다는 것이 아직 많이 두려운 것이 사실입니다. 그동안 많이 힘들긴 했지만, 그렇다고 누구를 원망하거나 탓하는 마음은 추호도 없습니다. 모든 것이 저로 인해 비롯된 일이라고 생각합니다"라고 YG 패밀리의 일원이 된 소감을 밝혔다.

타블로가 YG행을 택하는데 있어 가장 큰 역할을 한 사람은 그의 아내인 배우 강혜정이다. 당시 YG 소속 연기자였던 강혜정은 음악을 포기할 위기에 처한 남편을 사랑과 애정으로 보살피면서 같은 회사에 보금자리를 틀자고 설득했다. 타블로의 계약 과정을 지켜봤던 YG의 한 관계자는 "결혼을 하고 첫 아이를 얻어 누구보다 행복했어야 할 시기에 가장 어렵고 힘든 시기를 보내야 했던 남편을 곁에서 지켜보았던 강혜정은 소속 연예인들을 가족처럼 대하는 회사 분위기와 소속 가수들이 음악에만 전념할 수 있도록 배려하는 양현석 대표에게 남편 타블로를 직접 소개했다"라고 밝혔다.

1년 뒤, 미쓰라진과 투컷의 합류로 YG에서 다시 완전체를 이룬 에픽하이(EPIK HIGH)는 2012년 10월 23일에 일곱 번째 정규앨범인 《99》를 발표하고 팬들 곁으로 컴백했다. 앨범명 '99'는 데뷔 9주년을 기념하고, 9를 좋아하는 멤버들의 광적인 취향을 반영하며, 9개의 수록곡이 들어 있다는 의미였다. 에픽하이 멤버들도 팬들에게도 감회가 남달랐다. 당시 에픽하이 멤버들은 이렇게 말했다. 먼저 타블로의 말이다.

"저희 앨범 재킷을 보고 많은 분이 아이돌 같다는 말씀을 해주셨어요. 예쁜 옷을 입을 수가 있어서 좋더라고요. 인터넷 댓글을 보니까 사람들이 저희 사진을 보고 아이돌 같다, 유부남들인데 빠질 것 같다고 하던데 실제 우리 셋은 스타일이 구리거든요. 예쁜 옷 많이 입을 수 있어서 신났어요. 같은 청바지에 티셔츠를 입는 건데도 예전에 입었을 때는 그냥 옷이었는데, 이제는 아이돌이라는 말을 들어요. 무척 칭찬이죠. 이번 앨범을 데뷔 앨범으로 생각하고 있어요. 신인의 마음으로 열심히 할 거예요. 클럽 공연, 소극장 공연도 하고. 무대를 많이 그리워했거든요. 음악을 만드는 것, 그 이상으로 셋이 모여서 관객을 마주하는 느낌이 그리워요. 무대에 최대한 많이 서고 싶어요. 그게 방송이든, 공연이든, 클럽 무대든 상관없어요."

투컷은 "타블로가 YG에 들어간다는 기사가 날 때 이미 저희는 알고 있었어요. 발표가 난 후 해체하는 것 아니냐, 에픽하이를 볼 수 없는 것 아니냐는 말을 할 때 아니라고 이야기하고 싶었는데, 제일 좋은 건 결과물을 들고 등장하는 게 아니겠냐는 거였죠"라고 말했고, 미쓰라진은 "개인적으로 이번 활동을 하면서 저희 노래를 듣는 분들한테 에픽하이를 보면 기분 좋아진다, 무대에서 잘 논다는 말을 듣고 싶어요. 그런 이미지가 만들어졌으면 좋겠어요"라고 말했다.

그리고 2014년 11월, 갖가지 사연으로 점철됐던 고난의 세월을 뒤로 하고 에픽하이는 콘서트 무대로 팬들 앞에 섰다. 멤버들이 뛰는 동안 무대는 뜨거웠고, 팬들은 신이 났다. 이렇게 에픽하이는 부활했다. 정통 힙합에 굶주린 에픽하이 마니아들과 재회한 이들은 3일 동안 가슴이 울컥할 정도의 감동과 열정을 랩과 연주에 담았다. 이에 팬들도 기다렸다는 듯이 환호와 갈채를 보내며 객석을 광란의 도가니로 만들었다. 정규 8집 앨범으로 음원 차트 올킬을 기록한 바 있는 에픽하이였지만, 콘서트장에서 그들의 퍼포먼스와 관객들과의 호흡은 에픽

"원래 에픽하이는 음악성에 매료돼 예전부터 좋아했던 그룹이다.

이번에 작업하는 걸 지켜보니까 역시 이들이 뛰어나다는 것을

다시 한 번 확인하게 됐다. 나부터가 음악에 푹 빠졌다.

팬들 앞에 내놓는데 부끄러움이 없었다."

양현석은 에픽하이 앨범 작업 당시 YG 녹음 스튜디오 출입을

막았다고 한다. YG 아티스트들과의 교류로 인해

에픽하이 본연의 음악 색깔이 흐트러지는 게 두렵다면서.

에픽하이 고유의 음악적 색깔을 지켜주고자 했던 양현석의 배려였다.

하이의 노래를 잘 모르는 이들도 같이 뛰게 만드는 위력을 지니고 있었다.

무엇보다 YG와의 만남으로 에픽하이가 가진 고유의 색깔을 잊지나 않을지 걱정하던 팬들에게 에픽하이는 그들의 고유한 색깔을 그대로 보여주며 우려를 불식시켰다. 한 라디오 방송에 YG에서 자유 방목 당하고 있는 그룹이라고 소개받으며 출연했던 에픽하이의 미쓰라진과 투컷은 "앨범 작업 당시 양현석 회장이 YG 녹음 스튜디오 출입을 막았었다"라고 밝혔는데, 거기에는 사연이 있었다. 당시 투컷의 말을 빌려보자.

"YG 녹음실을 잡으려고 하는데, 어느 순간부터 엔지니어들이 이용하지 못하게 자꾸 다른 스케줄 핑계를 대더라. 처음에 그것 때문에 화가 많이 나서 왜 그러냐고 뭐라 했었다. 근데 나중에 알고 보니 양현석 회장님이 YG 아티스트들과의 교류로 인해 에픽하이 본연의 음악 색깔이 흐트러지는 게 두렵다고, 웬만하면 YG 녹음실을 잡지 않는 것으로 하자고 했다더라."

즉 에픽하이 고유의 음악적 색깔을 지켜주고자 했던 양현석의 배려였던 것이다. 'YG에서 자유 방목 당하고 있다'라는 표현은 그래서 역설적으로 들리기도 한다. 그만큼 아티스트에게 믿고 맡긴다는 뜻이니까. 물론 앞서도 말했듯이 양현석은 이미 스타로 올라선 가수들에게는 필요한 조언만 할 뿐이다. 당연히 에픽하이에게도 마찬가지다. 이에 양현석 회장은 이렇게 말했다.

"원래 에픽하이는 음악성에 매료돼 예전부터 좋아했던 그룹이다. 이번에 작업하는 걸 지켜보니까 역시 이들이 뛰어나다는 것을 다시 한 번 확인하게 됐다. 나부터가 음악에 푹 빠졌다. 팬들 앞에 내놓는데 부끄러움이 없었다."

그러면서 양현석 회장은 에픽하이는 싸이와는 다른 방향으로 성공에 기대를 걸고 있다고 말하며, 싸이나 타블로나 인생의 아주 어려운 고비를 넘겼기 때문에 음악에 진정성이 담겨 있다고 평가했다.

"타블로는 가수로서 한창 뻗어나가던 시절, 타진요의 악플 공격으로 인해 엄청난 상처를 받고 고통을 겪었다. 싸이도 마찬가지고. 남자들은 곧잘 군 입대를 두 번 하는 악몽을 꾸곤 하는데, 싸이는 정말 군 생활을 두 번 했다. YG는 원래 기성 가수를 영입하는 것보다 순혈 연습생을 키우는 스타일이지만, 타블로와 싸이처럼 훌륭한 뮤지션들이라면 얘기가 다르다. 먼저 계약한 타블로가 솔로 컴백에 성공했고, 에픽하이 모두가 YG에서 다시 뭉쳤다. 온갖 고생을 다한 이들에게 음악에만 전념하기 좋은 환경을 만들어주고 싶었는데, 결과가 기대 이상으로 좋아서 기쁘고 만족한다. 이런 이들과 함께하게 되다니 나는 매우 복에 겨운 사람이다. 함께 일하게 되어서 감사할 따름이고, 많이 부족한 내게 이렇게 뛰어난 이들이 와서 재기의 무대를 함께할 수 있도록 기회를 준 건 정말 행운이다."

3
새로운 도전,
K팝 스타와 이하이

가창력이 필요 없는, 빤한 댄스곡과 섹시 댄스에 무장한 아이돌 그룹들에게 지친 대중이 이제는 새로운 목소리와 아날로그 감성을 원하고 있다. 수개월간 〈K팝 스타〉를 통해 특별한 가창력을 검증받은 이하이의 출현에 큰 기대와 기쁨을 느끼고 있는 것 같다. 이하이는 정말 매력적이고 독특한 보이스를 가진 가수다. 나야말로 진정한 이하이 팬 가운데 한 사람이다. 이런 목소리를 가졌다는 것은 하늘이 베푼 은혜 아닐까 싶다. **- 양현석**

2011년 12월, 지상파 채널 SBS는 일요 예능 프로그램인 《일요일이 좋다》에 새로운 코너를 선보였다. 바로 서바이벌 오디션 프로그램인 〈K팝 스타〉였다. 케이블 채널이고 지상파 채널이고 이미 오디션 프로그램이 넘쳐나는 시기에 또 오디션 프로그램이라니, 어쩌면 식상할 만도 했다. 하지만 사람들은 기대에 부풀었다. 국내 엔터테인먼트 업계의 빅3인 YG, SM, JYP가 주축이 된 오디션 프로그램이었기 때문이다. 특히 두 기획사에서는 심사위원으로 기획사를 이끌고 있는 수장이 직접 출연했다. YG의 양현석과 JYP의 박진영이었다. 특히 YG의 양현석은 제작자로서 변신한 후 미디어에 노출되는 것을 꺼려했기에 더욱 놀라웠다.

무엇보다 이 세 기획사는 연습생으로라도 들어가고자 하는 연예인 지망생이 끊이지 않고 몰려드는 곳이었다. 덕분에 이미 내부에 연습생도 많고, 데뷔를 위해 강도 높은 트레이닝을 받고 있는 예비 가수들도 많았다. 그런 상황에서 공개 오디션을 볼 기회를 준다니, 그야말로 세간의 이목을 끌기 충분했다. 지원자들은 기회를 얻어서 좋고, 시청자들은 과연 세 기획사가 어떤 눈으로 신인을 발굴하고 트레이닝시키는지 호기심을 충족시킬 수 있으니 좋았다. 게다가 우승자는 원하는 기획사를 선택할 수 있었다.

더욱 놀라운 것은 이 서바이벌 오디션을 맨 처음 제안한 사람이 양현석이라는 점이다. 원래 양현석과 박진영은 각 소속사에서 키우는 연습생들을 서로 보여주고 배틀을 시키며 의견을 주고받는 경우가 종종 있었다고 한다. 그러던 중에 양현석이 이걸 방송으로 해보면 어떨까 하는 의견을 냈고, 이에 박진영이 동조하면서 가시화되기 시작했다. 그리고 마침내 SM까지 포함(SM의 심사위원은 이사인 보아가 참여했다)하는 3사 서바이벌 오디션 프로그램 〈K팝 스타〉가 탄생했다(시즌 3부터는 SM의 보아 대신 안테나 뮤직의 유희열이 심사위원으로 참여하고 있다).

국내 굴지의 기획사 세 곳이 함께하는 〈K팝 스타〉는 시작부터 화제를 모았다. 억지 춘향 격의 긴장감과 갈등을 고조시키는 악마의 편집을 최대한 배제하고, 정통 오디션 프로다운 경연과 공연에 초점을 맞쳤다. 특히 본선에 오른 참가자들을 선택해 각자의 소속사로 데리고 가서 소속 아티스트와 함께 원 포인트 레슨을 받게 해주는 것은 프로 그램의 백미였다. 덕분에 참가자도 시청자도 세 소속사가 가수를 만들어내는 철학과 방식이 어떻게 다른지 확실히 알게 되었고, 해당 참가자가 어느 소속사에 들어갈 것인지 미리 점쳐보는 재미도 있었다.

각기 다른 관점에서 참가자를 심사하는 양현석, 박진영, 보아의 모습을 보는 것도 색다른 즐거움을 안겨주었다. 특히 대중 앞에 잘 나서지 않던 양현석의 경우는 〈K팝 스타〉를 통해 한층 친근하게 다가왔다. 서태지와 아이들을 모르는 10대에게는 과거의 전설로, 엄격하고 호불호가 강한 호랑이 제작자로만 알고 있던 사람들에게는 아빠 미소를 지으며 참가자를 독려할 줄 아는 부드러움을 갖춘 심사위원으로 인식되기 시작했다. 물론 YG를 이끄는 수장으로서 날카롭고 개성 있는 면모도 느낄 수 있었다. 단순히 참가자들의 가창력과 춤 실력뿐 아니라 독창적인 퍼포먼스까지 눈여겨보면서, 참가자의 재능을 여러 시각으로 비교 분석하고 장점을 찾아내는 데 초점을 맞춘 것이다. 이에 대해서 양현석은 이렇게 말한 바 있다.

"나는 작곡하는 사람이 아니기 때문에 다른 방향을 봐야 한다. 나는 원석을 발견해서 스타로 키우는 제작자로서의 역할에 더 치중하자고 늘 다짐한다. 또한 참가자들이 스스로 깨달을 수 있도록 도움을 주려고 한다. 빅뱅이나 투애니원 등 모든 YG 가수들도 나는 시작과 끝만 챙긴다. 아티스트들은 그 능력을 어디까지 발휘할 수 있을지 모르기 때문에 제작자의 틀 안에서 터치하면 안 된다. 꽃을 다듬거나 하

YG는 다르다

는 게 아니고 포장하는 게 내 역할이 아닐까 싶다."

즉 양현석에게 있어 〈K팝 스타〉는 가창력 대회가 아닌 재능과 매력이 있는 원석을 발견하는 자리였던 것이다. 그리고 양현석은 첫 번째 〈K팝 스타〉에서 마음에 쏙 드는 원석을 발견했다. 바로 '이하이'다.

열여섯 살 어린 나이에 중저음의 매력적인 보이스로 오디션 중에 일찌감치 '한국의 아델(Adele)'이라는 평가를 얻은 이하이는 심사위원뿐 아니라 팬들의 마음까지도 사로잡았다. 이런 이하이에게 양현석은 〈K팝 스타〉가 진행되는 내내 이하이에 대한 애정을 숨기지 않았다. JYP의 박진영도 이하이에 대해 대단한 관심을 보였다. 프로그램이 진행되는 동안 이하이는 같은 여성 참가자인 박지민과 함께 화제의 중심에 서 있었다. 하지만 안타깝게도 이하이는 최종 무대에서 박지민한테 밀리면서 2위를 차지했다. 우승자인 박지민은 JYP를 선택했고, 양현석은 〈K팝 스타〉가 종영하자마자 2위를 차지한 이하이를 곧바로 YG로 영입했다.

〈K팝 스타〉 방송이 끝난 6개월 뒤인 2012년 10월, 이하이는 1960~1970년대 흑인 음악을 알앤비와 조화시켜 현대적으로 재해석한 레트로 소울(Retro-Soul) 풍의 노래 〈1, 2, 3, 4〉라는 곡으로 솔로 데뷔를 했다. 이는 YG에서도 이례적인 일이었다. 보통 YG에서는 3~5년 정도 소요되는 연습생 기간을 가지는데 이하이는 이 기간도 없이 〈K팝 스타〉를 통해 대중에게 첫 선을 보인 후 바로 정식으로 데뷔를 한 것이다. 〈K팝 스타〉 심사 때부터 이하이의 고혹적인 음색에 흠뻑 빠졌던 양현석이 그녀의 매력에 자부심을 느꼈기에 가능했던 일이다. 또한 "오디션 프로 출신 가수 가운데 진정한 스타가 나와야 한다"라고 했던 시청자와의 약속을 지키는 면도 있었다. 양현석은 이하이의 뮤직비디오 편집을 직접 담당할 만큼 남다른 애정을 보였다.

그런 자신감과 애정이 통한 것일까? 이하이는 데뷔 곡 〈1, 2, 3, 4〉로 단숨에 음원 차트를 휩쓸며 '슈퍼 신인'의 탄생을 알렸다. 곡을 발표하자마자 13일째 음원 차트 1위를 고수하는 등 그해 데뷔한 신인 중 최고 기록을 달성했다. 방송국 순위 프로그램에서도 1위 트로피를 손에 쥐는 것은 물론, 미국 빌보드의 K팝 차트에서도 3주 연속 1위를 차지했다. '2012 월드 뮤직 어워드(World Music Award)'에서는 베스트 송 수상 후보자로 선정되기도 했다. 이런 이하이의 성공을 두고 양현석은 이렇게 말했다.

"가창력이 필요 없는, 빤한 댄스곡과 섹시 댄스에 무장한 아이돌 그룹들에게 지친 대중이 이제는 새로운 목소리와 아날로그 감성을 원하고 있다. 수개월간 〈K팝 스타〉를 통해 특별한 가창력을 검증받은 이하이의 출현에 큰 기대와 기쁨을 느끼고 있는 것 같다. 이하이는 정말 매력적이고 독특한 보이스를 가진 가수다. 나야말로 진정한 이하이 팬 가운데 한 사람이다. 이런 목소리를 가졌다는 것은 하늘이 베푼 은혜 아닐까 싶다."

이듬해인 2013년 3월 이하이는 〈잇츠 오버(It's over)〉와 〈로즈(Rose)〉를 연이어 터뜨렸다. 음원이 차례로 공개되자마자 차트를 올킬해버린 것이다. 블루스에 재즈 요소를 가미한 '재지 블루스(Jazzy Blues)' 장르의 곡 〈잇츠 오버〉는 이별을 경쾌하게 고하는 노래로 열일곱 살 이

YG는 다르다

하이의 귀엽고 사랑스러운 매력을 한껏 드러냈다. 반대로 나르시시즘에 찬 여자의 감성을 노래한 알앤비 하우스 장르의 곡 〈로즈〉는 이하이의 중저음의 보컬이 십분 발휘돼 몽환적인 분위기를 발산했으며, 뮤직비디오를 통해서는 차가운 여성미를 드러내 열일곱 이하이의 색다른 모습을 보여주기도 했다. 곧이어 3월 말에는 정규 앨범 1집 《퍼스트 러브(FIRST LOVE)》를 내놓았고, 2013년 5월 12일에는 500명 규모의 다소 작은 공연이었지만 데뷔 후 첫 단독 콘서트 '시크릿 라이브 리하이(RE-HI)'를 열어 성공리에 마쳤다.

데뷔부터 첫 콘서트까지, 이 모든 것이 단 7개월 만에 벌어진 일이었다. 누가 2등은 기억되지 않는다고 했던가. 이하이는 이러한 편견을 단숨에 무너뜨리고 역대 오디션 출신 가수 중에 현재까지 가장 좋은 성과를 기록하는 중이다. 양현석 회장 본인 말대로 '원석을 발견해 스타로 키우는 데 성공한 것'이다.

YG의 기조는 항상 그랬다. 늘 남다른 개성과 재능 있는 인재에 관심을 가지고 창의성을 지닌 이들의 발굴에 힘썼다. 〈K팝 스타〉의 또 다른 참가자 이승훈도 사실 춤과 노래는 조금 부족했지만, 그의 창의적인 아이디어에 주목해서 YG로 영입했듯이 말이다.

하지만 이하이는 YG에게도 또 다른 새로운 도전이었다. 처음부터 방송을 통해 새로운 재능을 발굴한 것도 색다르지만, 오랜 기간 트레이닝을 거쳐야 하는 기존 YG의 방식을 탈피하고 오로지 이하이의 가능성 하나만 믿고 고작 5~6개월이라는 짧은 시간 안에 시청자와의 약속을 지키기 위해 달려야 했다.

YG는 다르다

그리고 그 도전은 또다시 성공을 거두었다. YG는 이하이 영입 후 단 7개월 만에 세 곡을 연달아 음원 차트 정상에 올려놓았다. 이로 인해 YG는 그들의 매니지먼트 능력을 한껏 자랑할 수 있었다. 준비된 인재가 있다면 얼마든지 성공시킬 수 있다는 것을 보여준 것이다. 가요계와 팬들은 다시 한 번 이러한 YG의 능력에 주목했다.

이후 YG는 2012년 11월부터 2013년 4월까지 방영된 〈K팝 스타〉 시즌2를 통해 '악동뮤지션'을 만났다. 몽골에서 온 10대 남매, 이찬혁과 이수현으로 구성된 '악동뮤지션'은 뛰어난 음악성과 개성 있는 외모로 방송 초반부터 주목을 받았다. 오빠인 이찬혁은 작사·작곡·편곡까지 능한 싱어 송 라이터였고, 동생 이수현은 매력적인 음색에 가수로서의 끼가 다분했다. 이러한 악동뮤지션은 시즌2 내내 화제를 모으며 강력한 우승 후보로 점쳐졌다. 결국 악동뮤지션은 최종 무대에서 우승을 차지했고, 우승한 악동뮤지션은 YG를 선택했다.

2013년 6월, YG와 악동 뮤지션은 정식 계약을 체결했다. 그리고 다음 해인 2014년 4월에는 악동뮤지션의 데뷔 앨범이자 첫 정규 1집 앨범 《플레이(PLAY)》가 발매되었다. 멀티 타이틀 곡 전략으로 인해 타이틀 곡은 무려 세 개. 하지만 앨범의 나머지 여덟 개 수록곡들도 완성도가 높아 팬들의 사랑을 받았고, 앨범에 실린 11곡 모두 줄 세우기 식으로 한동안 음원 차트를 공략했다. 이후 10월에는 가을의 감성을 담은 싱글 〈시간과 낙엽〉을 발매해 또 한 번 오랫동안 차트 1위에 머물렀다. 특히 이 곡은 노랫말에 영어가 없기로 유명한데, 시적인 감수성이 다분해 듣는 이로 하여금 아련한 감성에 젖어들게 했다. 2014년

11월, 동생 이수현은 이하이와 함께 〈나는 달라〉를 발표하고 인기몰이를 하기도 했다.

악동뮤지션 또한 데뷔한 지 9개월 만에 신인으로서는 드물게 전국투어 콘서트를 하게 되었다. 11월 21일 서울 블루스퀘어 삼성카드홀에서 '악동뮤지션 첫 번째 투어 콘서트 : 악뮤캠프'를 시작으로 12월 31일 부산 공연까지 성공리에 끝마쳤다.

이하이와 악동뮤지션은 YG가 방송이라는 매체를 통해 발굴한 신인을 어떻게 육성하고 포장하는가를 성공적으로 보여주는 케이스였다. 그 결과 YG의 매니지먼트 능력도 새로운 지평을 열었다(〈K팝 스타〉는 오디션 프로그램 열풍이 사그라져가는 데도 주목을 받으며 시즌4까지 내려오고 있는데, 시즌3부터는 SM 대신 안테나뮤직의 유희열이 합류해 톡 쏘는 심사평을 들려주고 있다).

4

또 다른 승리를 꿈꾼다, 위너

위너는 빅뱅 다음으로 선보이는 YG의 보이그룹이다. 어떻게든 잘 만들어야겠다는 다짐을 했다. 무엇보다 사람들의 선입견을 없애고 싶었다. 같은 기획사에서 나오다 보니 동생 그룹, 복제 그룹을 만들 가능성이 높은데 그러고 싶지 않았다. 빅뱅과 전혀 다른 팀을 만들고 싶었다. 형들이 입은 옷을 동생들에게 물려주고 싶지 않았다. 그래서 그룹 콘셉트를 잡는 데 시간이 걸렸다. 음악 콘셉트를 잡는 데도 오랜 기간 땀을 흘려야 했고, 처음부터 위너가 성공하려면 빅뱅과 달라야 한다고 생각했다. 특히 위너는 빅뱅과 인원수도 다섯 명으로 같아서 완전히 차별화하는 것으로 초지일관했다. **- 양현석**

YG의 신인 데뷔 전략은 꼼꼼하고 치밀하다. 늘 새롭고 전투적이다. YG가 9년 만에 선보인 보이그룹, 빅뱅의 동생이라 불리는 '위너 (WINNER)' 역시 YG의 전략적인 기획 아래에서 탄생했다.

2013년 한 케이블 채널 프로그램에서는 색다른 서바이벌 프로그램이 방영되었다. 다른 서바이벌 오디션 프로그램처럼 재능 있는 신인 가수를 발견하는 프로그램이 아니었다. 한 소속사의 재능 있는 연습생 그룹을 A팀, B팀으로 나누고 경쟁시킨 후 여기서 이긴 팀을 정식으로 데뷔시키는 리얼 서바이벌 프로그램이었다. 프로그램 이름은 바로 〈후즈 넥스트 : 윈(WHO'S NEXT : WIN)〉. 그리고 이 프로그램을 통해서 위너가 탄생했다.

2013년 8월에 방송을 시작한 〈윈〉은 수년간 YG의 트레이닝 시스템을 거친 11명의 연습생이 A와 B팀으로 나뉘어 치열한 배틀을 벌이는 장면을 10주간 방영했다. 10주 동안 총 세 번의 배틀을 펼친 후에 우승한 팀이 YG 신인 남자그룹 '위너'로 데뷔하고 진 팀은 해체하는 방식이었다(진 팀은 해체만 할 뿐 방출은 하지 않는다는 원칙이 있었다).

방영 내내 〈윈〉은 온라인 커뮤니티 중심으로 뜨거운 반응을 모았다. 오랜 기간 YG에서 트레이닝을 받은, 기본기 탄탄한 11명의 소년은 저마다의 개성과 상큼한 외모로 눈길을 끌기에 충분했다. 여기에 YG 패밀리들의 가세도 관심을 모았다. 지드래곤과 태양은 각기 한 팀씩 맡아 배틀에 유용한 조언을 해주며 함께 준비하기도 했고, 빅뱅과 투애니원 등이 심사위원으로 활약하기도 했으며, 에픽하이는 연습실을 찾아가 지켜보며 조언을 해주는 등 선배로서 도움을 주기도 했다. 파이널 배틀 때는 유인나가 MC로 활약하기도 했다. 더불어 어느 팀이 위너가 되면 좋을지는 100퍼센트 시청자 투표로 결정되었기에 팬들의 참여 또한 높을 수밖에 없었다. 이런 과정을 거쳐서 강승윤, 김진우, 이승훈, 송민호, 남태현이 소속된 A팀이 최종적으로 위너로 데뷔하게 되었다.

이 중 특히 강승윤, 이승훈이 눈에 띈다. 강승윤은 이미 〈슈퍼스타 K〉 시즌2에서 탑4까지 갔던 무서운 신예였지만 실력을 갈고 닦을 시

　　　　　　　YG Story 4 • 더 넓은 세계를 향한 질주

간이 필요하다고 생각해서 YG에 연습생으로 들어온 케이스였다. 물론 이미 얼굴이 알려지고 자신만의 음악 세계(록)가 있던 만큼 추구하는 장르가 다른 기획사에서 다시 연습생 과정을 걸치는 일이 쉽지는 않았을 터. 하지만 YG를 믿은 강승윤은 노력했다.

"양현석 회장님이 처음에 제게 '연예인이라는 생각은 버려라, 똑같이 연습생이다'라고 말씀하셨어요. 다른 회사 같은 경우엔 제가 무조건 와주길 바란다는 식으로 말했는데, 여긴 절 너무 냉대하더라고요. 와도 그만, 안 와도 그만이었던 거죠. 바로 그게 YG의 매력이었어요. 제가 그 당시엔 '핫'했는데 그런 건 필요 없고 재능 하나만 보겠다는 거잖아요. 이 회사가 그만큼 자신감이 있기 때문에 제가 원래 가진 스타성, 이런 건 이용하지 않을 것 같다는 생각이 들었어요. 정말 제가 크게 될 수 있도록 만들어줄 수 있는 회사가 여기구나 했죠."

물론 그 과정은 순탄치 않았다. 특히 춤을 배우는 것이 너무 힘들고 어려웠다. 그렇지만 강승윤은 노력했고, 그 와중에 솔로 활동도 하고 〈거침없이 하이킥〉 오디션에 합격해 출연을 하고 CF를 찍기도 했다(연습생 신분인데도 YG에서는 출연료나 수익금을 바로 정산해줘서 빠듯한 살림에 도움을 받기도 했단다). 위너로 데뷔 전에는 솔로로도 활동했다. 그만큼 노래나 연기에 재능이 있는 강승윤이었다. 그런데 정식 데뷔는 왜 그리 늦어졌을까. 이에 대해 양현석은 이렇게 말했다.

"강승윤의 데뷔가 3년이나 걸린 것은 춤 잘 추는 강승윤을 기대했기 때문이다. 강승윤이 춤을 배우기 위해 얼마나 노력을 했고, 그 과정에서 얼마나 힘들었을지 예상된다. 강승윤을 솔로 안 시키기 잘했

다는 말을 듣고 싶다. 그만큼 위너가 합이 맞아서 솔로로 하는 것보다 빛이 난다고 하면 제작자로서 뿌듯할 것 같다."

결국 강승윤의 노력은 빛을 보았다. 노래도 연기도 춤도 되는, YG 표 아이돌로 다시 태어났다. 강승윤의 또 다른 매력과 장점을 YG 시스템 아래에서 새로 이끌어낸 것이다. 어쩌면 그러한 매력 때문에 A팀이 더 돋보였던 것은 아닐까.

이승훈 역시 〈K팝 스타〉 시즌1에서 독창적인 아이디어와 독특한 퍼포먼스로 탑4까지 오른 전력이 있다. 춤과 노래는 좀 뒤처졌지만 그가 매번 선보이는 독특한 퍼포먼스는 항상 양현석의 찬사를 받았다. 그리고 프로그램 종료와 함께 이승훈은 YG 소속이 되었다. 하지만 이하이와 악동뮤지션과는 달리 이승훈은 긴 연습생 과정을 거쳐야 했다. 그리고 현재 이승훈은 지드래곤처럼 작사와 작곡을 하며 PD 같은 역할을 하고 있다. 가수로서의 완성도가 높았던 이하이나 악동뮤지션과 달리 이승훈은 조금 더 담금질한 시간이 필요했고, 결국 그러한 시간을 통해 더욱 끼 있고 실력 있는 사람이 되어 돌아온 것이다. 저마다 다른 재능과 개성을 인정하고 그에 맞게 육성하는 것. 이 역시 YG라서 가능한 일이다.

〈K팝 스타〉를 통해서 발굴되지 않은 원석을 발견한 양현석은, 〈윈〉을 통해서는 발굴된 신인을 대중적인 가수로 발전하는 모습을 보여주고 팬들과 호흡하는 모습을 보여줬다. 이 또한 전에 없던 시도였다. 위너가 결성되는 과정을 방송을 통해 공개하며 YG 특유의 시스템을 보여주고, 팬들이 여기에 공감하며 원하는 그룹을 직접 선택할 수 있게

끔 한 것이다. 그런 만큼 위너는 누구보다 팬 친화적인 그룹이라고 할 수 있다. '대중이 답이다'라는 양현석의 모토가 조금 더 가시화된 경우가 바로 위너다.

〈윈〉이 종료하고 두 달 뒤인 2013년 12월, 〈윈〉을 방송했던 케이블 방송은 〈위너 TV〉를 선보였다. 물론 이전에도 〈빅뱅 TV〉나 〈투애니원 TV〉을 방영했던 적은 있지만, 이 프로그램들은 이들이 정식 데뷔를 하고 어느 정도 얼굴이 알려진 이후에 방송된 것이었다. 그러나 〈위너 TV〉의 방송은 위너의 정식 데뷔 전에 이루어졌다는 점이 달랐다. 그것도 위너로 데뷔하기로 결정된 것 이외에는 아무것도 없던 상황이었다. 하지만 이로 인해 팬들은 위너가 정식 데뷔하기 전부터 기대와 호기심을 갖고 지켜볼 수 있었다. 과연 위너로 결정된 A팀이 어떤 조화를 이뤄서 어떤 앨범과 곡을 들고 나올까 하고 말이다.

하지만 위너는 탄생을 알린 후 정식 데뷔까지 10개월이나 걸렸다. 위너의 탄생을 지켜본 팬들에게는 데뷔까지의 시간이 참으로 길게 느껴졌을 것이다. 거기에는 그럴 만한 이유가 있었다. 우선 빅뱅 이후 9년 만에 선보이는 YG의 남자 아이돌 그룹이니만큼 부담감이 컸다.

"싸이도 〈강남 스타일〉 때문에 후속곡에 대한 부담감을 엄청 크게 느끼겠지만, 나 역시 위너에 대한 부담감을 만만치 않게 느낀다. 빅뱅 다음으로 선보이는 YG의 보이그룹이다. 대충 만들었다가 돌아올 비난과 원성을 감당하기 힘들었을 것이다. 어떻게든 잘 만들어야겠다는 다짐을 했다. 무엇보다 사람들의 선입견을 없애고 싶었다. 그것이 가장 어려웠던 숙제였다. 같은 기획사에서 나오다 보니 동생 그룹, 복

제 그룹을 만들 가능성이 높은데 그러고 싶지 않았다. 빅뱅과 전혀 다른 팀을 만들고 싶었다. 형들이 입은 옷을 동생들에게 물려주고 싶지 않았다. 그래서 그룹 콘셉트를 잡는 데 시간이 걸렸다. 음악 콘셉트를 잡는 데도 오랜 기간 땀을 흘려야 했고. 처음부터 위너가 성공하려면 빅뱅과 달라야 한다고 생각했다. 특히 위너는 빅뱅과 인원수도 다섯 명으로 같아서 완전히 차별화하는 것으로 초지일관했다. 형들 옷을 입히고 싶지 않았다는 얘기를 꼭 하고 싶다."

여기에 위너 멤버들의 미래까지 고려해야 했다.

"YG의 성공 여부보다 더 중요한 것이 나이 어린 위너 멤버들의 인생이다. 데뷔 앨범에 이들의 인생과 장래가 걸려 있는데 대충 만들어 내고 보자는 건 내가 용납이 안 된다. 내가 생각하는 음반 제작자란 말 그대로 음반을 제작하는 사람이 아니라 신인의 재능을 이끌어내는 사람이라고 생각한다. 그래서 지금의 빅뱅, 투애니원이 있는 것이다. YG를 믿고 찾아온 어린 친구들의 인생을 내가 맡았기에 어떻게든 이 친구들의 재능을 잘 살려서 성공하게 만드는 게 중요하다. 그러니 더 신중할 수밖에 없었다."

그렇게 YG의 기획력이 위너한테 훨씬 더 좋은 효과를 발휘할 수 있도록 고심한 끝에 드디어 2014년 8월에 위너의 데뷔 앨범 《2014 S/S》가 발표되었다. 오랜 시간 고민한 앨범답게 완성도가 높았고, 성과도 기대 이상이었다. 타이틀 곡 〈공허해〉와 〈컬러링〉을 비롯해 전 곡의 작사와 작곡에 위너 멤버들이 참여해 그들의 음악적 역량을 십분 발휘하였고, 그 결과 위너의 노래들은 데뷔와 동시에 주요 음원 차트를 올킬하며 톱 가수들도 힘들다는 수록곡 '줄 세우기'를 기록했다. 그만큼 오랫동안 준비한 위너의 음악이 빛을 발했다는 증명이었다. 멤버들 말에 의하면 자작곡으로 채워진 앨범을 발표하기 위해 무려 30~40 곡을 쓰고 수정, 보완했다고 한다.

"데뷔 앨범은 위너 멤버들이 지난 10개월 동안 스튜디오 안에서 살다시피 하며 열심히 만든 결과물입니다. 일반 작곡가들한테서 받아서 준 곡이 아니라, 이 친구들이 직접 다 관여해서 만든 음악입니다. 위너의 데뷔에서 가장 중점을 둔 포인트는 멤버들이 앨범을 만드는 모든 과정을 직접 해나갈 수 있도록 저와 회사가 뒷받침만 해준다는 거였어요. YG의 마케팅이나 작곡가들 도움에 의존하는 것이 아니고. 아마 이런 방식은 시간이 가면 갈수록 빛을 발할 거예요. YG가 추구하는 것처럼 위너도 아티스트 성향을 지닌 보이그룹이 됐으면 하는 바람입니다. 빅뱅도 그래서 컸잖아요."

당시 위너 데뷔 앨범에 관한 양현석의 인터뷰 내용이다. 위너의 데뷔부터 미래까지, 얼마나 고심했는지 알 수 있는 대목이다. 다행히 첫 앨범부터 팬들은 위너의 진가를 알아보았다. 이에 그치지 않고 위너는 다양한 영역으로 활동을 넓힐 계획이라고 한다. 음악 활동 외에 다른 활동을 자제했던 선배 그룹과는 달리 위너는 다방면에서 활약할 수 있도록 그 범위를 넓힐 계획이다.

"사실 YG 가수들은 예능 출연을 잘하지 않았다. 하지만 위너는 음악 활동 외에 다양한 재주를 가지고 있다. 위너는 활동에 있어서 문을 열어두고 싶다. YG의 가둬뒀던 사고방식에서 벗어나 모든 채널을 열

서바이벌 프로그램은 내부적으로는
연습생들의 실력을 향상시키고, 외부적으론 자연스럽게
팬덤을 형성할 수 있는 좋은 기회다. 〈믹스 앤 매치〉에
참여한 아홉 명의 멤버들은 서바이벌이 한창 진행 중이던
가을에 일본까지 방문해 팬 미팅까지 치렀다.
정식 데뷔를 하기도 전에 해외 진출을 위한
포석까지 다져놓는 YG만의 속전속결 방식은 주목할 만하다.

어두겠다. 강승윤은 연기 활동을 할 수도 있고, 다른 멤버들은 예능에 출연할 수도 있다. 사람이 나이 들면서 생각이 바뀌는 것 같다. 가수는 음악만 해야 한다는 생각을 했었는데 조금씩 바뀌고 있다."

양현석 회장의 말이다. 물론 탑이나 승리, 산다라 박처럼 YG 선배그룹 내에서도 연기 활동을 한 멤버도 있고, 대성은 리얼 버라이어티 예능에, 에픽하이의 타블로는 육아 예능에도 출연한 전력이 있다. 하지만 탑을 제외하고는 대부분 아직 단발성 출연의 성향이 강하고, 또 이들이 가수 활동으로 어느 정도 인지도를 얻은 후에 이루어진 일이었다. 그러나 위너의 경우에는 처음부터 긍정적인 시선으로 적극적으로 고려하겠다는 뜻이다. 그만큼 위너는 위너뿐 아니라 양현석 회장으로서도, YG로서도 새로운 도전인 것이다.

그리고 위너로 시작된 도전은 아직 멈추지 않았다. 2014년 9월, YG는 이전과 같은 케이블 채널을 통해 새로운 서바이벌 프로그램 〈믹스 앤 매치(MIX & MATCH)〉를 선보였다. 〈윈〉에서 탈락한 B팀의 여섯 멤버와 치열한 오디션 경쟁을 뚫고 합류한 세 명의 연습생을 두고 새로운 보이그룹 '아이콘(iKON)'의 멤버 선정에 들어가기로 한 것이다. '박힌 돌'과 '굴러온 돌'이 아이콘 멤버 선정을 둘러싸고 격돌하는 상황은 그 자체로 팽팽한 긴장감을 불러일으키기에 충분했다.

이 같은 시나리오는 즉흥적으로 짜인 게 아니라 사전에 준비되고 기획된 마케팅 전략 속에서 탄생했다. YG식 원 소스 멀티 유즈(One Source Multi Use)인 셈이다. 이를 두고 양현석 회장은 이렇게 말했다.

"제가 서바이벌을 좋아한다기보다는 세상이 경쟁이에요. 이 치열한 가요계, K팝 시장 속에서 우리 가수들이 노래를 부르는 것 자체가 하나의 치열한 경쟁이라고 생각해요. 또 이 친구들이 앞으로 활동하는 기간 동안 이 의미를 더욱 잘 알고 이해하는 차원에서 배틀 프로그램이 좋은 것 같아요."

서바이벌 프로그램은 내부적으로는 연습생들의 실력을 향상시키고, 외부적으론 자연스럽게 팬덤을 형성할 수 있는 좋은 기회다. 특히 〈믹스 앤 매치〉에 참여한 아홉 명의 멤버들은 서바이벌이 한창 진행 중이던 가을에 일본까지 방문해 팬 미팅까지 치렀다. 정식 데뷔를 하기도 전에 해외 진출을 위한 포석까지 다져놓는 YG만의 속전속결 방식은 주목할 만하다.

9주 동안 방송된 〈믹스 앤 매치〉는 비아이(B.I), 바비(BOBBY), 김진환, 송윤형, 구준회, 김동혁, 정찬우가 아이콘의 멤버가 되었음을 알리며 2014년 11월에 종료되었다. 위너에 이은 아이콘은 또 어떤 행보를 보일까. 분명한 것은 위너와는 또 다른 도전이 기다리고 있다는 점일 것이다. YG의 도전은 현재 진행형이다.

5

팬들과 같이
늙고 싶다

사실 한 그룹을 4~5년 이상 끌고 가는 게 참 힘든 일이다. 전 세계 음악시장을 봐도 그렇다. 빅뱅 초반 때 인터뷰를 하면 팬들과 같이 오래오래 늙어가는 팀이 됐으면 좋겠다고 했다. 일본만 하더라도 스마프라는 팀이 아직도 있고, 영국에는 롤링스톤스가 건재하다. 그런데 우리나라 아이돌 가수들은 왜 이렇게 인스턴트식품처럼 빨리 없어질까? 빅뱅이 지금 9년차인데 데뷔 때 약속처럼 오래오래 팬들과 함께 늙어가는 그룹으로 남기고 싶다. - **양현석**

엔터테인먼트 업계의 특성상 '신선함'과 '차별화'는 언제나 갖춰야 할 덕목이다. 그렇기에 YG는 끊임없이 새로운 인재를 발굴하고, 차별화된 신인을 내세우며, 개성 있는 곡을 선보이고, 트렌드에 앞서가는 마케팅 전략을 세운다. 하지만 '새로움'만큼 중요한 것이 또 있다. 바로 '오래가는 것'이다.

YG의 대표 그룹인 빅뱅은 2015년에 데뷔한 지 10년째를 맞이했다. 부침이 심한 가요계에서 아이돌 그룹이 10년째, 그것도 멤버 교체 없이 활동하고 있다는 것 자체는 무척 대단한 일이다. YG 내부에서도 빅뱅을 놓고 '장수 그룹'이라고 표현할 정도다. 더 놀라운 것은, 첫 5년 전속 계약이 끝나고 나서도 불협화음 없이 다섯 명 전원이 YG와 재계약했다는 점이다. 그런 만큼 YG도 빅뱅의 미래에 대해서 더욱 고심할 수밖에 없다.

사실 기획사에서 만든 그룹에 대해 팬들은 일말의 불안감을 가질 수밖에 없다. 계약 문제로 이름만 있는 채 멤버가 교체될 수도 있고, 빅뱅처럼 남자 아이돌 같은 경우에는 군 문제가 걸려 있어 한꺼번에 군 입대를 하게 되면 공백기로 인해 저절로 해체 수순을 밟기도 한다. 빅뱅도 예외는 아닐 것이다. 이런 팬들의 마음을 알기라도 하는 걸까. 양현석 회장은 빅뱅이 데뷔할 때부터 미래에 대한 청사진을 이미 그려놓고 있었다.

"사실 한 그룹을 4~5년 이상 끌고 가는 게 참 힘든 일이다. 전 세계 음악시장을 봐도 그렇다. 빅뱅 초반 때 인터뷰를 하면 팬들과 같이 오래오래 늙어가는 팀이 됐으면 좋겠다고 했다. 일본만 하더라도 스마프(SMAP)라는 팀이 아직도 있고, 영국에는 롤링스톤스(The Rolling Stones)가 건재하다. 그런데 우리나라 아이돌 가수들은 왜 이렇게 인스턴트식품처럼 빨리 없어질까? 빅뱅이 지금 10년차인데 데뷔 때 약속처럼 오래오래 팬들과 함께 늙어가는 그룹으로 남기고 싶다."

전속 계약을 5년씩밖에 하지 않는 YG이기에 양현석의 생각은 어떻게 보면 참으로 도발적이면서도 이상적인 계획이다. 빅뱅은 곧 두 번째 전속 계약이 끝나는 시점이 온다. 그때도 빅뱅 멤버들이 모두 YG

에 남아 있으리라는 믿음이 있는 것일까? 그 사정이야 어떻든 간에 중요한 것은 빅뱅에 대한 양현석의 애정일 것이다. 빅뱅이라는 그룹 자체에 대한 애정이 없었다면 그러한 발상은 불가능했을 것이다. 물론 여기에는 또 다른 이유가 존재한다.

"서태지와 아이들을 4년밖에 못한 아쉬움도 있는 것 같다. 요즘 나이 먹고 나서 그런 생각도 든다. 그렇게 큰 인기를 얻었는데 하루아침에 은퇴 선언을 하고 하루아침에 없어져버렸다는 게 너무 이기적이었다는 생각이 들었다. 예를 들어서, 정말 사랑하는 연인이 있었는데 하루아침에 '야, 우리 끝이야. 안녕' 하고 일방적으로 헤어진 것과 똑같은 거다. 팬들이 우리를 좋아했던 것은 사랑하는 연인 이상이었는데, 그 친구들에게 얼마나 큰 충격이었겠나. 우리는 그냥 힘들다는 이유로 해체했는데, '좀 더 했으면 좋았을걸'이라는 생각이 지금 든다. 그런 과오를 되풀이하고 싶지는 않다."

즉 본인의 경험이 투영된 측면도 있다. 과거 정점에 있던 시절에 팬들과의 이별을 경험해본 양현석으로서는 팬들의 마음이 그 누구보다 와 닿을 것이다. 따라서 팬들과 오래오래 늙어가는 팀이 되었으면 좋겠다는 것은 소속이 어디든 상관없이 팀을 유지해달라는 멤버들을 향한 주문이었을지도 모른다. 팬들까지 배려하는 모습을 보인 것이다. 그러면서 양현석은 빅뱅의 미래에 대해 자신감을 보였다.

"빅뱅이 다른 그룹과 다른 점이 뭐냐면, 각자 솔로 활동이 가능한 멤버들이다. 대성도 일본 아레나에서 단독 콘서트를 했고, 승리도 마찬가지고, 탑은 영화도 하고 있고, 태양과 지디도 솔로 활동을 하고 있는 만큼 빅뱅 멤버들이 군대를 가지 않더라도 완전체 앨범이 나오는 데 2년 이상이 걸릴 판이다. 그러니 멤버들이 군대 갔다 오는 것이 빅뱅의 위기라고 이야기하는 것은 어불성설이다. 해체할 아무런 이유가 없다. 내가 생각하는 빅뱅은 세 명이 있어도 네 명이 있어도 빅뱅이다. 설사 한 명이 군대에 가더라도 빅뱅 앨범이 나온다. 나중에 제대하면 자연스럽게 합치게 되는 거고, 그 사이에는 솔로 활동이나 유닛 활동을 하고 있을 것이다. 빅뱅 팬들은 거기에 대해서 전혀 걱정하지 않았으면 좋겠다는 생각이 든다."

비단 빅뱅뿐 아니다. 양현석은 투애니원도 장수 그룹의 가능성을 점치고 있다.

"사실 투애니원에 대한 걱정이 있었다. 투애니원은 작사·작곡과 프로듀싱을 멤버들이 안 했다. 원타임의 테디가 했기 때문에. 게다가 이제 산다라 박과 박봄 나이가 서른이 넘어서 이들을 아이돌이라고 하기에는 좀 애매하다. 그래도 어떻게 오래 끌고 갈 수 있을까 하는 고민을 2집 《크러쉬》가 나오기 전까지 했었다. 그런데 씨엘이 내 고민을 기우로 만들었다. 어느 날 씨엘이 자기 음악을 들고 오는 걸 보고 '와, 이게 또 이렇게 풀리는구나' 했다. 시키지도 않았는데 자기 혼자 프로듀싱하며 곡을 써왔는데 나와 테디가 충격을 받았다. 애가 정말 보통 애가 아니구나. 알고는 있었지만 그 이상이었다. 음악에 대한 열정도 진짜 뜨거웠다. 이로써 투애니원의 또 다른 미래가, 새로운 미래가 생긴 거다. 지금까지 투애니원이 걸어왔던 길을 넘어선 또 다른 길로 향하는 문을 연 느낌? 사실 가수가 나이가 뭐가 중요한가. 씨엘이 이번에

"어느 날 씨엘이 시키지도 않았는데 자기 음악을 들고 오는 걸 보고

충격을 받았다. 애가 정말 보통 애가 아니구나. 알고는 있었지만

그 이상이었다. 음악에 대한 열정도 진짜 뜨거웠다.

이로써 투애니원의 또 다른 미래가, 새로운 미래가 생긴 거다.

마돈나처럼 나이 육십이 되도록 음악 하는 게 참 아름답다고 생각한다.

죽을 때까지 음악 하고 싶은 게 가수 아닐까."

YG의 지향점은 여기에 있을지도 모르겠다.

죽을 때까지 음악하고 싶은 진짜 가수를 발굴하고 키워내는 것.

처음 만든 노래들이 굉장히 훌륭했기 때문에 이제 제2의 음악 인생이 시작될 것이다. 이제 만으로 스물세 살이니 앞으로 성장 가능성은 무궁무진하다. 게다가 씨엘은 4개 국어에 능통하지 않은가. 점점 국내 가요시장의 비중이 작아지고 있는 현실을 감안하면 앞으로 세계 시장 확장에 도움이 될 것이다."

그러면서 양현석은 투애니원도 빅뱅처럼 9년차, 10년차 가수가 될 수 있으리라고 확신한다. 하지만 투애니원을 향한 양현석의 시선은 9년차, 10년차에 머물지 않을 것이다. 그 너머에 있을 것이다.

"마돈나처럼 나이 육십이 되도록 음악 하는 게 참 아름답다고 생각한다. 그게 진짜 가수지. 죽을 때까지 음악 하고 싶은 게 가수 아닐까."

어쩌면 YG의 지향점은 여기에 있을지도 모르겠다. 죽을 때까지 음악 하고 싶은 진짜 가수를 발굴하고 키워내는 것. 빅뱅과 투애니원은 그 시작점이 아닐까. 무엇보다 솔로가 아닌 그룹으로서 이러한 시도는 무척이나 신선하다. 전 세계적으로도 몇몇 록 밴드를 제외하고는 이러한 사례를 찾아보기 드물기 때문이다. 하지만 성공한다면 가요계의 역사를 새로 쓰게 되지 않을까. YG만의 또 다른 도전을 응원하며 끝까지 지켜보고 싶은 마음이다.

YG 창조 본능의 중추

테디

/ 원타임의 테디에서 YG의 테디로 /

몇 해 전, 1월의 어느 날. 시계의 초침이 12시를 넘어 자정이 지나자 양현석
회장은 누군가가 준비한 생일 케이크 위에 꽂힌 여덟 개의 촛불을 껐다. 이날
마흔네 살 생일을 맞은 양현석 회장은 촛불을 끈 뒤 옆에 있던 YG 직원과 함
께 자축하는 의미로 인증샷을 찍었다. 양현석 회장 옆에서 손가락으로 V자
를 만들고 웃고 있는 한 남자. 도대체 누구이기에 양현석 회장의 생일날, 그것
도 단둘이 있었던 것일까? 그는 바로 YG 소속의 정통 힙합그룹 원타임에서
리더이자 메인 래퍼로 활약했던 테디였다.

힙합 팬들의 사랑을 한 몸에 받았던 원타임은 요즘 그룹 활동이 뜸하지만 테
디의 노래를 듣기란 어려운 일이 아니다. 최근 수년 동안 빅뱅과 투애니원 등
YG 대표 가수들의 히트곡 상당수가 그의 손을 거쳤기 때문이다. 양현석 회
장은 과거 인터뷰에서 수차례 "테디야말로 YG의 보배이자 내가 가장 아끼는
작곡가이자 PD"라며 칭찬을 아끼지 않았다. 원타임에 전념하던 테디에게 작
곡가와 PD로서 대성할 길을 열어준 장본인 또한 양현석 회장이다.

지금은 YG의 메인 프로듀서이자 본부장인 테디를 그의 사무실이자 작업실이
며 생활공간이기도 한 합정동 YG 사옥 스튜디오에서 만나보았다. 이제 30대 중
반을 넘어선 본부장이라고 하지만, 아직까지도 원타임 때의 그 날렵한 페이스
라인을 간직한 하얀 얼굴의 그가 YG의 콘텐츠를 책임지고 있는 본부장이라는
것이 처음에는 잘 매칭이 되지 않았다. 하지만 대화를 나눌수록 차분하고 신중
하면서도 핵심을 꿰뚫어 정제된 단어로 말하는 그를 보고 있자니, 그가 왜 지
금의 자리에 올 수 있었는지 그리고 그가 만들어내는 음악들이 왜 이리 오랫동
안 대중의 큰 사랑을 받고 있는지를 알 수 있었다.

한때 YG를 대표하는 가수에서, 이제는 그런 가수들을 만들어내는 미다스

(Midas)의 손이 된 테디 본부장을 만나 그와 YG의 이야기, 그리고 그가 만들어가는 음악과 삶에 대한 이야기를 들어봤다.

/ 테디만의 히트곡 제조 방정식 /

처음 시작은 아이돌 가수로 시작했고, 지금은 YG의 본부장으로 있다. 정확하게 본업이 무엇인가?

글쎄요. 그런데 본부장이라고 불리는 건 별로예요. 그렇게 부르는 사람도 없고요. 그냥 프로듀서라고 불리는 게 좋아요. 원타임 2집이 2000년에 발표되었는데, 그 앨범에 〈원 러브(One Love)〉라는 곡이 실렸어요. 제가 제일 처음 곡을 쓴 노래였죠. 그때부터 쭉 프로듀서로 살아왔어요. 노래에는 작곡 외에도 편곡, 사운드, 녹음, 재녹음, 엔지니어링 등 다양한 작업이 뒤따르는데 그걸 총괄해서 맡는 사람이 프로듀서거든요.

벌써 14년차다. 그동안 이루 손꼽을 수 없을 정도로 많은 히트곡을 만들어냈다. 이 정도 되면 '테디만의 히트곡 제조 방정식'이 있을 것 같은데?

글쎄요. 오늘 쓰는 곡과 내일 쓰는 곡이 달라요. 예를 들어, 오늘은 제일 먼저 떠오르는 게 가사 테마일 수 있죠. 내일은 드럼이 먼저 떠오를 수 있어요. 매번 곡이 완성되는 방식이 다르죠. 매번 달라요. 그래서 이 작업은 시간에 비례해 요령이 생기는 작업은 아닌 것 같아요. 10년간 그림을 그려온 사람이 5년 전에 잘 팔린 그림을 똑같이 그려볼 순 있겠죠. 그런데 전 그런 게 싫어요. 노래를 만들다 보면 사람들이 어떤 빠르기를 좋아하는지, 어떤 사운드를 좋아하는지 조금 보일 때도 있죠. 그런데 그걸 피해 가자는 건 제가 작곡을 시작했을 때부터 확고했어요. 그 고민은 20대 중반에 가장 많이 했어요. 물론 방식이 있긴 해요. 노래를 만들다 이건 사람들이 좋아하는 코드겠구나 싶은 생각이 들면 사운드를 바꿔보고 빠르기를 바꿔보는 거죠. 여자 가수가 이런 걸 불러서 사랑받은 적이 있다면 이번에는 남자가 부르게 해보고. 아무튼 뭔가 하나는 다르게 가는 거죠. 하지만 그것도 늘 성공하는 것은 아니에요. 여기에는 진짜 정답이 없어요. 사람들이 좋아해주는 걸 하겠다고 제가 조금만 욕심을 부려도 사람들은 가차 없어요. "별로야" 그래요. 그런데 어떨 땐 또 거꾸로예요. 사람들 상관없이 내가 하고 싶은 대로 할 수 있잖아요. 반쯤 정도 갔을 땐 별 반응이 없던 사람들이 아예 제가 끝까지 가면 오히려 좋아해줘요. 공식이 있으면 꾀를 부릴 법도 한데, 정말 모르겠어요. 공식이 성립되지 않죠. 곡을 만드는 순간, 대중이 좋아하겠다고 생각하면 안되는 경우가 많고, 그래서 거꾸로 내 만족도 위주로 갔는데, 아니나 다를까 안될 때도 있고.

/ 남들은 모르는 창작의 고통을 남몰래 즐기다 /

평상시 생활은 어떤가?

일어나서 간단하게 뭐 먹고 스튜디오에 나오면 저녁 6시쯤 돼요. 그리고 다음 날 아침 8시까지 여기에 머무르죠. 곡 작업을 한다고 해서 12시간씩 여기 앉아 있진 않아요. 주로 사람들과 교류를 하죠. 누가 보기엔 수다 떨고 노는 시간이라고 할 수 있는데, 전 그러면서 영감이 많이 떠올라요. 혼자 있을 때도 있지만 현석 형이나 가수와 세 시간씩 얘기를 나누기도 하죠. 아침에 집으로 가면 바로 뻗어버려요. 이렇게 밤낮이 바뀌어 생활한 지는 한 7년쯤 되는 것 같아요. 뭐 그래도 오후 3시 정도면 일어나서 할 거는 다 하고 살아요. 먹고 자고 작업하는 시간을 빼고는 영화나 책을 늘 달고 사는 편이에요. 블락에 걸렸다(작업 능률이 떨어지거나 아이디어가 잘 안 떠오른다) 싶을 때에는 정말 아무것도 안 해요. 음악도 안 듣고, 음악에 대한 생각조차 하지 않죠. 곡을 만들다 보면 부담감이 커질 때가 있어요. 생각이 병적으로 어느 한 방향으로 집착하게 되기도 하고요. 너무 음악을 오래 만들다 보면 책상에 부딪히는 소리, 차의 경적 소리도 음으로 들려요. 밖에서 무슨 소리만 들려도 "어? 저 음이 뭐더라?" 이런 고민을 하는 거죠. 직업병인 거예요. 그럴 땐 그냥 다 버리고 맛있는 걸 먹거나 영화를 봐요.

창작의 고통이 대단할 것 같은데, 기억에 남는 사례가 있다면?

너무 많죠. 예를 들어 빅뱅의 〈판타스틱 베이비(Fantastic Baby)〉 같은 경우에는 자연스럽게 나온 노래가 아니었어요. 전 지드래곤과 함께 〈블루(Blue)〉 작업을 마친 상태였고, 앨범 작업도 다 끝낸 상태였어요. 그런데 현석 형이 노래를 듣고서는 "부족해. 더 센 놈이 필요해"라는 거예요. 저는 〈블루〉와 〈배드 보이(Bad Boy)〉가 좋은데 어떻게 더 좋은 곡을 만들어야 할지 난감했어요. 그렇게 부담감이 클 땐 백이면 백, 좋은 게 안 나오거든요. 보통은 하루면 곡의 대부분이 완성돼요. 가사 테마, 혹 아이디어, 1절 정도까지는 나오죠. 이후의 녹음, 편곡 등 프로덕션은 1~2주가 걸리지만, 처음 곡에 탄력은 하루 만에 붙어야지 안 그러면 그냥 버리거든요. 그런데 〈판타스틱 베이비〉는 3주나 잡고 있었어요. 그렇게 우여곡절이 많았는데 멤버들이 워낙 잘해주고 비디오도 잘 나와서 잘될 수 있었죠. 기억에 많이 남아요.

그렇게 작업이 막혀버리면 어떻게 하나?

그럴 땐 보통 미리 만들어둔 룹(loops)을 들어요. 룹이 뭐냐 하면, 기승전결

없이 네 마디짜리 스케치를 저장해둔 거예요. 그냥 떠오를 때마다 만들어뒀던 걸 수백 개 들어보는 거죠. 예전에 만들었던 걸 들어보고, 이 룹과 저 룹을 붙여보기도 하고. 평상시 룹을 만들면 오늘 들어서 별로라도 1년 있다 들어보면 좋을 수도 있고, 또 거기에서 새로운 아이디어를 얻을 수도 있기 때문에 별도로 저장해놔요. 수시로 정리하는데도 만들어놓은 룹이 지금도 한 100개는 있을 거예요.

/ 테디, 예술과 산업의 사이에서 /

음악을 만들 때 대중성과 예술성, 어느 쪽에 더 신경을 쓰는 편인가?

글쎄요. 만드는 입장이 되니 아무래도 고민이 되는데, 어쨌든 음악과 비즈니스가 연결되어야 하는 필드 안에 제가 있는 거니까요. 양쪽 모두 신경이 쓰이죠. 그래도 전 어렸을 때 팬의 입장에서 음악을 들었던 때를 기억하려 해요. 장인정신이 있는 음악, 더 좋은 음악이 좀 더 많은 대중에게 들리게 된다면 얼마나 좋을까 생각하던 그때를요. 그 마음을 잃지 않으려고 노력하는데, 물론 쉽지 않죠. 전 노래가 나오면 곡에 대한 애착이 생겨버려요. 어쨌든 내 새끼들인데 누구는 못생겼다고 코를 고치자고 하고, 애보다 쟤를 더 예뻐할 거라고 하면, 그럴 때가 제일 괴로워요. 저는 처음에 음악이 번뜩이는 순간, 막 흥분해서 곡을 만들 때를 사랑해요. 그런데 그 이후에는 대중성을 생각해야 하고, 가사를 바꿔야 하고, 그러는 과정들이 너무 힘들어요. 15년 전부터 늘 그랬어요, 항상. 그래도 어쩔 수 없어요. 그게 하기 싫으면 집에서 혼자 음악 만들어야겠죠.

작업을 하다가 가수와의 갈등은 없는지?

없을 수가 없죠. 그런데 프로듀서라면 그런 갈등 역시 극복해야 한다고 생각해요. 왜냐하면 만들어진 노래는 저 혼자만의 것이 아니니까요. 예를 들어서 제가 태양의 곡을 쓴다면, 그건 태양의 커리어이기도 하잖아요. 다만 애초부터 수많은 팬이 갖고 있는 기대감에 부응해야 한다고 생각하면 곡을 못 쓰죠. 부담감과의 싸움이에요. 제가 뮤직 비즈니스에 몸담고 있는 한 내가 하고 싶은 것과 사람들이 좋아하는 것 사이에 서야 해요. 문화·예술은 정답이 없는 분야인 것 같아요. 종이에 낙서를 끼적여봐도 누군가 그 그림 안에서 우주를 본다면 예술이잖아요. 또 다른 누군가에겐 산업 쓰레기일 수도 있고. 그걸 판단하는 게 보통 대중이라고 하는데, 그 말도 되게 웃긴 게, 그럼 다수결의 원칙일까요? 더 많은 사람들이 좋아해야 예술인 건가, 그건 아니잖아요. 그런데 그렇게 정답이 없다는 점이 전 좋아요. 100명 중 한 명이 좋아해도 의미 있을 수 있죠.

하지만 사람들의 평가에 귀 기울이지 않긴 어려울 것 같은데?

어렵죠. 노래를 만드는 과정에서 단 한 번도 힘들지 않았던 적이 없었던 것 같아요. 누구보다 제가 잘 알죠. 자신한테는 거짓말 못하잖아요. 음악 안에 요만큼의 리스크도 없다면 재미도 없고 의미도 없다고 생각해요. 그 누가 봐도 이건 완벽한 상품이라고 하는 것보다는, 그 안에 뭔가를 살짝 꼬아두는 게 좋은 거죠. 곡마다 그 리스크의 양은 다르겠지만 반드시 포함될 수 있도록 노력해요. 다행히 현석 형도 그걸 좋아하시고요. 그런 의미에서 보면 현석 형이 많이 배려해주시는 거죠. 노래 만드는 데 있어서 전 되게 좋은 환경에 있는 것 같아요.

/ YG의 미래를 기대하게 만드는 또 하나의 이름, 테디 /

사실 테디만큼 YG의 과거와 현재, 그리고 미래를 잘 보여주는 이름도 없다. 힙합 전문 엔터테인먼트 기업이었던 YG의 초기 부흥을 이끌었던 힙합 아이돌 그룹의 멤버였고, 이후에는 프로듀서로 수많은 YG 후배 가수들의 곡들을 매만져왔으며, 앞으로도 그럴 것이기 때문이다.

테디의 곡에서는 '사람 냄새', '아티스트의 숨결'이 느껴진다.

"그냥 아무것도 모르는 상태에서 곡을 쓰고 '히트곡이다, 불러봐, 돈 줘' 하는 건 아닌 것 같아요. 그런 관계는 저한테 힘들어요. 가수와의 교감이 꼭 필요해요."

작업에 대한 그의 생각과 철학을 들어보면 왜 그런 냄새와 숨결이 느껴지는지를 알 수 있다. 그리고 양현석 회장이 왜 그토록 그를 아끼는지, YG 소속 가수들이 왜 그리 그를 따르는지, 왜 그의 음악에 대중이 환호하는지를 알 수 있다. 그런 그의 음악을 대하는 생각과 태도 때문에 앞으로의 모습도 기대하게 된다.

무엇보다 그는 지금 그 자리에 만족하며 안주할 것 같지 않아 보인다. 그에게 함께 작업하고 있는 가수가 있는지 물어보았다. 테디는 이렇게 대답했다.

"기회가 된다면 이 세상 그 어떤 아티스트와도 작업해보고 싶어요. 다만 내가 진짜 그 사람에게 도움이 되는 뮤지션이고, 그 사람의 커리어에 뭔가 플러스가 되는 사람이고 싶어요."

이를 통해 더 밝은 YG의 미래를 느끼는 것은 비단 나 혼자뿐일까?

우리는
YG 패밀리

YG의 패밀리 정신

패밀리는 한집에서 지낸다

우리는 밥 먹으러 회사에 간다

필요할 때 서로 돕고 의지한다

길게, 오래, 우리는 함께 간다

비즈니스를 넘어 문화를 꿈꾼다

아티스트가 행복하면 회사도 행복하다

YG에는 수십 명의 양군이 있다

1

YG의
패밀리 정신

> 소속사와 구성원 간에 문제가 없는 회사가 어디 있겠습니까. 이를 최대한 줄이려고 애쓰는 게 YG입니다. YG 패밀리란 말을 처음 썼던 것처럼 패밀리 의식을 강조하는 저를 회사의 수장으로 인식하는데, 사실 저는 회사와 아티스트 사이의 징검다리이고 마찰이나 오해를 풀어주는 역할을 합니다. 그리고 저는 분명히 아티스트들 쪽에 서 있습니다. 그들의 입장을 회사 쪽에 대변해주고 서로가 윈윈할 수 있는 방법을 제시하고 문제를 풀어줘야죠. **- 양현석**

가요 프로그램이나 연말 시상식에서 수상한 연예인들이 자주 쓰는 표현이 하나 있다.

"소속사 사장님 이하 고생한 스태프 여러 분께 감사드립니다."

하지만 YG의 경우는 다르다.

"우리 YG 패밀리, 고맙습니다."

YG에서는 소속 연예인들이 '회사' 혹은 '소속사' 등의 단어보다는 '패밀리(Family)', 즉 가족이라는 말을 주로 쓴다. YG의 일원이 되면 이

YG는 다르다

들은 서로를 가족이라고 부른다. 'YG 패밀리'라는 말은 초창기 지누션과 원타임이 식구처럼 지냈을 때 처음 생긴 말로 그 역사도 참 오래되었다. 세월이 지나서 YG의 규모가 더 커지고 사람이 더 많아졌어도 YG 자체를 한데 묶어 'YG 패밀리'라고 칭하는 건 변하지 않았다. 그만큼 단순히 '혈연으로 이어진 가족만큼이나 끈끈한 사이'를 강조하거나 한 회사에서 일한다는 뜻의 '한솥밥을 먹는 사이' 같은 상투적인 관용구에 머물지 않는다. 여기에는 보다 싶고 심오한 뜻이 담겨 있다.

먼저 가족은 '식구'라고 한다.

모 한국 영화의 대사에도 등장하는 것처럼 '식구(食口)'란 '함께 밥을 먹는 사이'이다. YG 패밀리 역시 마찬가지다. 함께 밥을 먹는 사이다. 물론 여기서 말하는 '밥'은 단순히 입에 들어가는, 먹는 밥만 지칭하는 것은 아니다. 소속 연예인들이 활동을 하면서 본인 활동에 몰입할 수 있도록 지원되는 제반 여건을 모두 포함하는 말이다. 즉 의식주는 물론이고 경제적인 문제, 기타 복리후생과 정신적인 지원 등 보다 복합적인 것들을 통틀어서 '밥'이라고 할 수 있다. 이 밥 걱정을 하지 않고 함께 나눠 먹는 데 있어서는 YG는 탁월함을 자랑한다. 이는 양현석 회장 본인이 배고픈 댄서에서부터 연예계 최고의 슈퍼스타까지 모두 경험해봤기에 가능한 일이었다. 여기에 YG 초창기 어려운 시절 양민석 대표가 합류한 이후 다른 구성원들이 초기의 그 순수했던 열정과 마음을 잃지 않고 '패밀리 문화'를 YG의 고유한 조직 문화로 유지, 발전시켜 온 것도 한몫했다.

다음으로 가족은 그 관계가 길다.

일반적으로 기업은 1년을 결산기간으로 한다. 따라서 그 1년 내에 돈을 벌고 못 벌었는지가 가장 중요한 평가 기준이 된다. 학교는 그보다 더 짧아서 1학기가 평가 기준이다. 그 학기 내에 시험을 얼마나 잘 봤는지를 가지고 성적을 평가하고 등수를 매긴다. 하지만 가족은 그렇지 않다. 늘, 오래, 평생 볼 사이이므로 단기간의 잘되고 못되고를 가지고 그 사람을 평가하거나 질책하지 않는다. 물론 잘못한 일에 대해서는 나무라거나 혼을 내기도 한다. 하지만 이는 평가가 아닌 애정 어린 교육과 육성의 차원일 뿐이다. 언젠가는 자신이 가진 역량과 잠재력을 충분히 발휘할 수 있도록 지켜봐주고 도와주고 응원해준다. YG 역시 그렇다. 인내를 가지고 길게 보고 기다리는 데 있어서는 양현석 회장만 한 사람이 없다. 무엇보다 회사의 입장보다는 늘 소속 연예인의 입장을 고려하고 배려한다. 앞서 위너에 대해 이야기할 때 언급했지만 양현석 회장은 "회사의 성공보다는 위너 멤버들의 인생이 더 중요하다"고 말했다. 소속 가수 한 사람 한 사람을 가족처럼 대하는 마음이 없다면 불가능한 일이다.

마지막으로 가족은 어려울 때 오히려 빛난다.

일반적으로 기업체나 기타 일반 사회조직은 구성원 중 문제가 생기면 징계나 제명을 통해 조직으로부터 격리하는 방식으로 나머지 구성원을 보호하려는 경향이 있다. 하지만 가족은 그렇지 않다. 비록 구성원 중 한 명이 한때의 실수로 잘못을 저질러 조금씩 손해를 보더라도 일단 보듬어서 함께 안고 가는 길을 선택한다. YG 역시 그랬다. 회사가 커지고 소속 인원이 많아짐에 따라 필연적으로 이런저런 크고

YG는 다르다

작은 문제가 발생했을 때 당사자를 내쳐 최대한 회사 이미지를 보호하는 길을 택한 대신 양현석 회장이 먼저 나서서 사과하고 자숙하겠다며 사건 당사자를 품고, 아픔과 어려움을 함께 이겨내는 길을 선택했다. 이러한 양현석의 모습은 거대 엔터테인먼트 기업의 수장이 아닌 마치 한 가족을 이끄는 가장의 모습이었다.

물론 가족처럼 지내기 때문에 사소한 오해와 불만이 쌓일 수도 있다. 가족이라서 무조건 이해해주고 믿어줄 거라고 생각해서 상처를 주는 경우도 종종 생기듯이 말이다. 때문에 양현석 회장은 더욱 애를 쓴다. 그 스스로가 '패밀리'라는 말을 처음 썼던 것에 스스로 책임감을 느끼고 노력하는 것이다.

"소속사와 구성원 간에 문제가 없는 회사가 어디 있겠습니까. 이를 최대한 줄이려고 애쓰는 게 YG입니다. YG 패밀리란 말을 처음 썼던 것처럼 패밀리 의식을 강조하는 저를 회사의 수장으로 인식하는데, 사실 저는 회사와 아티스트 사이의 징검다리이고 마찰이나 오해를 풀어주는 역할을 합니다. 그리고 저는 분명히 아티스트들 쪽에 서 있습니다. 그들의 입장에서 회사 쪽에 대변해주고 서로 윈윈할 수 있는 방법을 제시하고 문제를 풀어줘야죠."

이러한 이유로 YG는 (주)YG엔터테인먼트라는 이름보다는 'YG 패밀리'라는 이름이 더 익숙한 조직이 된 것이다. 이런 가족 같은 분위기 속에서 소속 구성원들은 직원, 소속 연예인보다는 '파트너'로서 YG의 성공에 함께 기여하고 그 성과와 기쁨을 함께 나눈다. 덕분에 큰 잡음 없이 오늘날까지 승승장구할 수 있었다.

15th Anniv. YG

MILY CONCERT

2

패밀리는
한집에서 지낸다

> 가수와 작곡가들이 편하게 창작과 연습, 그리고 녹음에 전념할 수 있는 공간을 만들겠다는 꿈을 이뤘다. 내 손이 안 간 곳이 없을 만큼 애정을 쏟았다. 사옥 안에서 기획부터 안무, 녹음 등의 제작 및 훈련 과정이 모두 이뤄지고 식사 등 편의사항에 불편함이 없도록 직접 설계에 참여했다. 가수들이 창의적인 작업에 전념하기 위해서는 제대로 된 환경을 갖춰야 된다는 게 YG 사옥의 1차 목표였다. 가수들이 회사를 마치 집처럼 편안하게 느껴주는 모습을 볼 때 뿌듯하고 보람을 느낀다. **– 양현석**

한때 YG의 서울 합정동 사옥이 인터넷상에서 화두로 떠오른 적이 있다. 2012년 1월 15일 〈K팝 스타〉 방송에서 박진영과 보아가 YG의 사옥을 극찬한 게 발단이었다. 이날 오디션 도중 보아가 "YG 건물이 엄청 좋다는데 가보고 싶다"라고 운을 떼자 박진영이 "YG 사옥 앞에 JYP 건물이 있으면 수위실 같을걸"이라며 추임새를 넣은 것이다. 박진영 역시 국내 굴지의 기획사 JYP의 수장이자 가수이고 댄서며 배우다. 이른바 만능 엔터테이너인 그가 경쟁사이기도 한 YG 사옥을 인

YG는 다르다

YG 사옥이 진정으로 대단한 점은, 크고 멋진 건물의 외관보다
안에서 땀 흘리고 있는 이들 때문이 아닐까.
'소속 연예인', '소속 직원'이라는 생각 대신 '패밀리'라는 생각으로
최고 시설의 스튜디오에서, 최고의 연습실에서 몇 날 며칠
노력하고 있는 것이다. YG 사옥은 바로 그런 그들의 꿈이
펼쳐지는 공간이고, 양현석은 그런 그들이 자신의 잠재력을 펼치며
마음껏 날 수 있도록 지원해주고 있는 것이다.

기 방송 프로그램에서 대놓고 부러워한 배경은 무엇일까?

합정동 로터리에서 강변북로 진입로 쪽 방향으로 위치한 YG 사옥은 외관부터 독특한 디자인의 7층 건물로 양화대교 쪽 한강을 바라보는 경치가 일품이다. 빅뱅, 투애니원을 비롯해서 톱스타들이 즐비한 기획사 특성상 건물 출입은 철저한 자동 보안 시스템으로 이뤄진다. 주차장도 다른 건물들과 달리 기획사용 대형 밴 6대만 외부에 세울 수 있도록 공간을 배치하고, 일반 승용차는 모두 지하로 들어가는 방식이다. 스케줄이 많은 소속 연예인의 동선과 편의를 고려한 설계이다.

안으로 들어가면 또 다른 신세계가 펼쳐진다. 최첨단 장비를 갖춘 대형 스튜디오가 세 개, 전속 작곡가들을 위한 개별 스튜디오가 또 다섯 개다. 방음 때문에 벽이 두꺼워야 하는 특성상 외장재를 부착해야 하는데, 가격 및 시공의 편의상 MDF(Middle Density Fiberboard)를 주로 쓰는 것과 달리 이곳에서는 원목을 사용했다. MDF와 사용된 접착제에서 암을 유발하는 포르말린이 유출될 수 있기 때문이다. 여기에 산소를 배출하는 공기 정화기까지 추가했다. 스튜디오에서 며칠 밤을 꼬박 새우는 일이 다반사인 가수와 작곡가를 위해 최대한 배려를 한 셈이다. 가수들과 안무가들이 무대에 선보일 안무를 짜고 연습할 수 있는 대형 연습실 두 개를 포함, 가수들의 연습실만 일곱 개다. 하나같이 완벽한 방음 시설과 댄싱 플로어를 갖췄다. 모두 천연 목재를 사용했음은 물론이다.

이뿐 아니다. 5층에는 소속 연예인과 직원들을 위한 어학 강의실이 따로 있고, 그 옆에는 불규칙한 생활과 과도한 창작 스트레스에 쉽게 노출되는 구성원들이 언제라도 무료로 이용할 수 있는 피트니스 센터가 있다. 피트니스 센터에는 YG 가족들이 언제라도 체계적인 프로그램에 따라 운동할 수 있도록 전문 트레이너 두 명이 상주하고 있다. 투애니원의 막내 공민지, MC 및 DJ로도 활동하고 있는 연기자 유인나가 이곳의 단골손님이다.

연예인뿐 아니고 YG 각 부서 직원들의 사무실도 디자인 사무용품이 자리 잡고 있는 안락한 공간으로 꾸몄다. 거대 엔터테인먼트 기업답게 음악뿐 아니라 영화와 매니지먼트 등 각 파트별 전문화가 이뤄져 있다. 앨범, 뮤직비디오, 포스터 등의 편집과 CG를 위한 작업실과 전문 인력까지 확보되어 있다. 층마다 복도 구석과 벽면에는 다양한 애니메이션이나 피규어, 아프리카 기린 등의 소품들이 전시되어 있다. 모두 양현석 회장이 직접 발품 팔아 구해왔거나 소장했던 애장품이란다. 옥상에 서면 한강 전경이 눈앞에 펼쳐진다. 지하 1층 전체는 구내식당으로 YG 가족이라면 누구나 이용할 수 있다.

이렇듯 YG 사옥은 철저히 소속 연예인들과 직원들의 편의를 위해 지어졌다. 건물 안에서 모든 활동이 마치 내 집처럼 가능하도록 지어진 것이다. 이는 YG 사옥을 직접 설계한 양현석 회장의 집념에 따른 것이다. 건축설계를 전공한 양현석 회장은 직접 건물의 평면도를 그렸고, 공사 기간 2년 동안 현장에 살다시피 하며 각종 전기 스위치 위치까지 직접 결정할 정도로 공을 들였다.

"가수와 작곡가들이 편하게 창작과 연습, 그리고 녹음에 전념할 수 있는 공간을 만들겠다는 꿈을 이뤘다. 내 손이 안 간 곳이 없을 만큼 애정을 쏟았다. 사옥 안에서 기획부터 안무, 녹음 등의 제작 및 훈련 과정이 모두 이뤄지고 식사 등 편의사항에 불편함이 없도록 직접 설계에 참여했다. 가수들이 창의적인 작업에 전념하기 위해서는 제대로 된 환경을 갖춰야 된다는 게 YG 사옥의 1차 목표였다. 가수들이 회사를 마치 집처럼 편안하게 느껴주는 모습을 볼 때 뿌듯하고 보람을 느낀다."

그리고 지금, 양현석의 꿈이 이뤄진 이 멋진 사옥에는 창의적인 인재들, 그리고 이들을 헌신적으로 지원하는 많은 스태프들이 있다. 어쩌면 YG 사옥이 진정으로 대단한 점은, 크고 멋진 건물의 외관보다 안에서 땀 흘리고 있는 이들 때문이 아닐까. '소속 연예인', '소속 직원'이라는 생각 대신 '패밀리'라는 생각으로 최고 시설의 스튜디오에서, 최고의 연습실에서 몇 날 며칠 노력하고 있는 것이다. YG 사옥은 바로 그런 그들의 꿈이 펼쳐지는 공간이고, 양현석은 그런 그들이 자신의 잠재력을 펼치며 마음껏 날 수 있도록 지원해주고 있는 것이다.

최근 양현석은 기존 사옥 옆에 또 하나의 건물을 지었다. 지하 1층, 지상 6층으로 지어진 이 건물은 5~6층은 양현석의 살림집으로 쓰이며 1~4층은 YG 소속 연예인들의 여가를 책임질 체육 시설이 들어섰다고 한다. 한 가정의 가장이자 YG의 패밀리의 수장으로서 가족과 YG 모두를 챙기고 배려한 점이 돋보인다. 이 외에도 사옥 주변의 빌라 전 세대를 하나씩 매입 중인데, 소속사 연습생의 숙소 및 트레이닝 센터로 사용할 목적이란다. YG 가족을 위해서 해야 할 일을 끊임없

YG는 다르다

이 생각하고, 더 좋은 환경을 제공해주려고 하는 양현석의 욕심을 엿볼 수 있는 대목이다. 이로 인해 YG 사옥 주변은 YG 타운으로 변신하지 않을까 싶다. 그리고 이 YG 타운에서 YG 패밀리는 더 큰 꿈을 함께 이루어나가게 될 것이다.

YG 사옥이 진정 빛나는 이유는 멋진 건물이나 최고의 시설, 좋은 휴게실, 누구나 이용할 수 있는 구내식당에 있지 않다. 그보다는 건물 안팎을 가득 메우고 있는 열정과 창의, 그리고 서로에 대한 깊은 신뢰와 애정에 있다. 그렇기에 앞으로 그들이 지어나갈 세계는 지금의 YG 사옥보다 몇 배, 몇십 배 더 멋지고 대단할 것임에 틀림없다.

3
우리는 밥 먹으러
회사에 간다

中国집 가면 짬뽕이냐 짜장면이냐 고민하고, 냉면도 비빔이냐 물이냐 선택해야죠. 더군다나 자주 이동하고 밤늦게까지 일하는 연예인들은 일반 식당에 가서 사먹는 일도 쉽지 않으니 제때 끼니 챙기는 것이 보통 일이 아니에요. 결국 가장 훌륭한 음식은 집밥 아닌가요? 모든 YG 식구들이 편하게 먹을 수 있는 식당을 꾸미려고 음식 솜씨 뛰어난 아주머니를 네 분이나 스카우트해왔어요. **- 양현석**

2013년 9월, 인기 예능 프로그램인 MBC〈무한도전〉에 흥미로운 장면이 나왔다. 일반 가수들과〈무한도전〉멤버들이 짝을 이뤄 가요제를 준비하는 것이 주된 내용이었던 이날 방송에서 방송인 하하와 짝이 된 '장기하와 얼굴들' 멤버들이 YG 사옥을 무작정 방문해 구내식당에서 밥을 얻어먹는 모습이 방영되었다. 출연자 모두가 하나같이 식당의 쾌적함과 식단의 다채로움, 음식의 맛과 음식 하나하나에 담긴 정성을 입에 침이 마르도록 칭찬하며 방송 분량이나 내용은 괘념

치 않고 먹는 데 집중하는 모습을 보여주었다.

사실 YG의 구내식당은 그 이전부터 꽤 유명했다. YG에 소속된 많은 연예인들이 방송이나 인터뷰 등을 통해 자랑하기도 하고, YG 소속 댄서들이나 일반 직원들의 SNS를 통해 청담동의 카페테리아 같은 세련된 인테리어에 맛깔 나 보이는 음식들로 가득한 식판의 사진들이 널리 공유되기도 했으며, 공적인 일로 YG에 방문했던 여러 사람을 통해 입소문이 퍼졌기 때문이다. 〈무한도전〉에 나온 장면은 그동안 무수하게 떠돌던 YG 구내식당의 명성을 시청자가 직접 눈으로 확인하게 해주었을 따름이다.

YG 사옥 지하 1층에 자리 잡은 구내식당은 양현석 회장이 YG 사옥을 지으면서 가장 신경을 많이 쓴 공간이다. 대중의 시선 때문에 일반 음식점 이용이 어려운 스타들의 삶을 누구보다 잘 아는 그는 사옥 안에서 엄마표 '집밥' 같은 식사와 맛깔스러운 간식을 언제 어느 때건 즐길 수 있도록 배려했다. 이를 위해 음식 솜씨 좋기로 유명한 요리사를 네 명이나 스카우트했다. 커피, 음료수, 시리얼, 컵라면, 과일은 상시 제공된다.

"중국집 가면 짬뽕이냐 짜장면이냐 고민하고, 냉면도 비빔이냐 물이냐 선택해야죠. 더군다나 자주 이동하고 밤늦게까지 일하는 연예인들은 일반 식당에 가서 사먹는 일도 쉽지 않으니 제때 끼니 챙기는 것이 보통 일이 아니에요. 결국 가장 훌륭한 음식은 집밥 아닌가요? 모든 YG 식구들이 편하게 먹을 수 있는 식당을 꾸미려고 음식 솜씨 뛰어난 아주머니를 네 분이나 스카우트해왔어요."

따라서 YG 구내식당에서 제공하는 음식은 대기업마냥 짜인 식단과 레시피대로 조리되어 나오지 않는다. 손맛이 뛰어난 주방 아주머니들이 제 자식 챙기듯 아침, 점심, 저녁, 야식을 차린다. 심야 식당도 운영된다.

그렇다고 소속 연예인만 이용할 수 있는 것은 아니다. YG 소속이라면 누구나, 아무 비용 없이, 원하는 대로 양질의 밥을 먹을 수 있다. 다른 시설 이용이 불가능한 연습생들도 밥만큼은 본사 사옥에 와서 먹을 수 있다. 밥을 먹을 수 있는 권리만큼은 누구에게나 열려 있는 것이다. YG에서 일하는 누구나 구내식당에서만큼은 평등하게 수저를 들고 젓가락을 놀린다. "연습생 때 배고팠다"던 성공한 스타들의 고백은 YG에서는 나올 수 없다.

검증된 손맛을 가진 분들을 스카우트해온 만큼 YG 구내식당의 음식 맛과 질은 이미 정평이 나 있다. 박봄은 한 라디오 프로그램을 통해서 "구내식당 근처에도 안 간다"라고 밝혔다. 다이어트 중인데, 구내식당 밥이 맛있어서 방해가 된다는 의미였다. 지드래곤은 유재석 부모님께 YG 구내식당에서 식사를 대접하고 싶다고 말할 정도였다. 대성은 한 방송에서 구내식당 아주머니가 싸주셨다며 도시락을 내놓았다가 다른 출연진의 극찬을 받았다. 스쿠터 브라운과 저스틴 비버 등도 YG 구내식당에서 식사를 하고 그 맛에 엄지손가락을 치켜들 정도였다. 연기자 차승원도 "구내식당 때문에 YG에 왔다"라고 너스레를 떨 정도다. 이렇다 보니 연예계 사람들은 물론이고 팬들조차도 YG 구내식당에 한번 가보고 싶다는 소원이 끊이질 않는다.

YG는 다르다

YG 소속이라면 누구나, 아무 비용 없이, 원하는 대로 양질의
밥을 먹을 수 있다. 다른 시설 이용이 불가능한
연습생들도 밥만큼은 본사 사옥에 와서 먹을 수 있다.
밥을 먹을 수 있는 권리만큼은 누구에게나 열려 있는 것이다.
"연습생 때 배고팠다"던 성공한 스타들의
고백은 YG에서는 나올 수 없다.

이런 양현석의 밥상머리 가족사랑은 패밀리들에게 그대로 여과 없이 전달되고 있다. 산다라 박은 자신의 트위터에 "콘서트 준비로 바빠도 밥은 잘 챙겨 먹어야지. 블랙잭(투애니원 팬클럽)도 다들 밥 잘 챙겨 먹고 있나? 점심시간에 식당은 북적북적. 줄이 너무 길다. 하지만 맛있는 밥을 위해서라면……"이라는 글과 사진을 게재해 팬들의 화제를 모은 바 있다. YG 구내식당에서 다른 패밀리들과 맛난 한솥밥을 먹기 위해 걸그룹 미녀 스타도 줄을 서고 하염없이 기다린다. YG 구내식당은 서울의 유명 맛집으로 세간에 회자되면서도 한곳에서 같은 밥을 먹으며 정을 쌓아가는 YG 패밀리 특유의 분위기를 알 수 있는 곳이다.

YG는 YG의 이름 안에서 '다 같이 밥 먹는 사이'다. 이 또한 YG에서만 볼 수 있는 '패밀리 정신'이다.

YG는 다르다

4

필요할 때
서로 돕고 의지한다

" YG 가수들은 어느 자리에 가도 인사를 잘한다. 방송국이나 행사장 대기실 등에서 선배를 만났을 때 깍듯이 머리를 숙이는 건 물론이고, 후배를 봐도 먼저 공손히 인사를 건넨다. YG 연습생 시절부터 이런 예절을 철저히 가르치기 때문에 빅뱅처럼 스타가 되고 나서도 바른 인사성을 잃지 않는 것이라고 생각한다. YG 사옥에서도 연습생들은 누구와 마주쳐도 반갑게 인사한다. 이를 대하는 스태프와 직원들은 당연히 더 애정을 가지고 어린 새싹들을 바라볼 수밖에 없을 테고. YG 패밀리의 강한 결속과 신뢰는 이렇듯 아주 간단한 데서 출발한다. 서로 만나면 인사하는 예절. **- 양현석** "

과거 이탈리아 남부 도시는 1940~1950년대의 우리네와 마찬가지로 3대 이상이 한집에 사는 대가족이 많았다고 한다. 그리고 집안에 노래를 잘하는, 재능 있는 자손이 있어 칸초네(canzone, 이탈리아 전통의 대중가요) 가수가 되기 위해 로마나 밀라노 같은 큰 도시로 가겠다고 하면 그가 잘되도록 온 집안에서 지원을 했다고 한다. 그 자손이 칸초네 가수로 성공하면 집안 전체를 먹여 살리는 것은 일도 아니었기 때문이다. 1960년대 최고의 인기 칸초네 가수로 '나폴리의 목소리'

라는 애칭으로 불렸던 세르지오 브루니(Sergio Bruni) 같은 경우는 앨범 한 장으로 집안은 물론이고 자신이 태어난 마을 전체를 먹여 살렸다는 전설 같은 이야기도 전해져 내려온다.

하지만 그들이 그토록 진심으로 집안 출신 가수를 도왔던 것은 이탈리아 남부 지방 특유의 '가족 정신(Spirito di famiglia)' 때문이었다. 이탈리아 남부 지방의 가족 간 유대관계와 끈끈함은 유명했다. 그들은 가족의 다른 구성원이 잘되는 길이라면 자신이 갖고 있는 작은 것이라도 더 해주거나 작은 힘이라도 보태주는 것을 가족의 당연한 의무이자 책임으로 알았다. YG를 보면 수십 년 전 남부 이탈리아에서 볼 수 있었던, 바로 그 '가족 정신'이 그대로 살아 있는 것을 발견할 수 있다.

월드스타 싸이가 뮤직비디오를 찍을 때면 촬영 현장에 빅뱅이나 투애니원 등 후배들이 응원차 얼굴을 자주 비친다. 빅뱅의 뮤직비디오에는 싸이와 투애니원이, 투애니원의 뮤직비디오에는 빅뱅과 싸이가 등장하기도 한다. 이하이는 싸이의 대형 콘서트 무대와 지드래곤의 첫 월드투어에 초대를 받아 공연을 했다. 에픽하이는 2012년 정규 7집 앨범으로 컴백할 당시 이하이와 박봄의 지원사격을 받았다. 위너는 데뷔 전 빅뱅의 일본 돔 투어와 투애니원의 월드투어 무대에 서기도 했다. YG에서 이러한 일은 자연스럽다. 서로 돕고 의지하는 패밀리이기 때문이다.

이 같은 전통은 양현석 회장이 YG를 처음 창립할 때부터 모토로 내세웠던 '패밀리 정신'에서 비롯되었다. YG 연습생들은 입사하자마자 "선배건 후배건 간에 서로 깍듯이 인사하라"는 양현석 회장의 훈화부터 듣는다. 서로 인사하고 예의를 나누며 꾸준히 교류하는 과정을 거치면서 YG 안의 구성원 모두가 식구로 거듭난다는 것이 그의 철학이자 소신이기 때문이다.

"YG 가수들은 어느 자리에 가도 인사를 잘한다. 방송국이나 행사장 대기실 등에서 선배를 만났을 때 깍듯이 머리를 숙이는 건 물론이고, 후배를 봐도 먼저 공손히 인사를 건넨다. YG 연습생 시절부터 이런 예절을 철저히 가르치기 때문에 빅뱅처럼 스타가 되고 나서도 바른 인사성을 잃지 않는 것이라고 생각한다. YG 사옥에서도 연습생들은 누구와 마주쳐도 반갑게 인사한다. 이를 대하는 스태프와 직원들은 당연히 더 애정을 가지고 어린 새싹들을 바라볼 수밖에 없을 테고. YG 패밀리의 강한 결속과 신뢰는 이렇듯 아주 간단한 데서 출발한다. 서로 만나면 인사하는 예절. 연습생 때 이런 기본적인 매너를 제대로 습득해야 스타가 되어서도 인간미를 잃지 않을 것이다."

그 효과는 외부에서 "YG 패밀리의 결속력을 다른 기획사들이 도저히 따라가지 못한다"라고 부러워하는 것으로 검증되고 있다.

YG 패밀리의 협업 또는 응원으로 인한 시너지 효과는 대단하다.

"곡 작업과 동시에 빅뱅의 돔 투어, 투애니원의 월드투어 무대에 서면서 거의 주말마다 나갔어요. 해외 무대에 서면서 영감도 많이 받았고, 그때의 경험이 달라진 모습을 보여줄 수 있는 힘이 된 것 같아요. 접해보지 못했던 많은 경험이 준비하면서 여러모로 도움이 많이 됐어요."

위너 이승훈의 말이다. 정식 데뷔 전, 예상보다 데뷔가 늦어져 힘든 시기도 있었지만 선배 그룹 무대를 서면서 경험을 익히는 바람에 더 좋은 곡을 쓸 수 있었고, 더 좋은 무대를 만들기 위한 경험을 쌓았다는 말이다. 해외 팬들에게 먼저 눈도장을 찍을 수 있었던 건 말할 것도 없다. 에픽하이 또한 7집 컴백 당시 이하이와 박봄의 피처링으로 인해 에픽하이의 팬층을 넓힐 수 있었다.

YG 소속 가수들의 면면을 보면 다들 하나같이 개성이 강하고, 음악적 색깔도 뚜렷하다. 이는 기존의 가수, 심지어 소속 가수들과도 완전히 다른 차별성을 추구하는 YG의 기획 방식 때문이다. 따라서 어찌 보면 가장 독립적이고 개별적인 것 같은 느낌을 준다. 그런데 이러한 아티스트들이 YG라는 이름 아래에서는 하나로 똘똘 뭉쳐 앨범에 피처링으로 참여한다거나, 콘서트 무대에 게스트로 오른다거나, 출연하는 방송에 깜짝 동반 출연을 한다거나 하는 방식으로 서로가 서로에게 의지하고 든든한 힘이 되고 있음은 색다른 느낌을 안겨준다. 가족은 역시 오순도순, 알콩달콩 섞여 살아야 제맛인 걸까.

그렇다고 해서 이들이 YG 패밀리라는 틀 안에만 머무르며 자신들의 작품 활동을 넓히는 데 족쇄를 채우는 것은 아니다. 앞서도 말했지만 음악에 관한 한 YG는 폐쇄성을 거부한다. 따라서 외부와의 적극적인 교류도 마다하지 않는다. 싸이 같은 경우는 〈강남 스타일〉이 수록된 앨범 《싸이6甲 Part. 1》을 작업할 때 성시경과 박정현을 피처링으로 초대해 앨범 내용을 더욱 알차게 만들었으며, 지드래곤도 솔로 앨범 《원 오브 어 카인드》에서 자우림 김윤아와 넬 김종완의 협업으로 기대 이상의 명곡을 뽑아내기도 했다. 외부와의 적극적인 교류도 마다하지 않으며 YG의 음악적 색깔을 한 단계 업그레이드시키는 자유분방함 또한 YG 패밀리를 발전시키는 하나의 전략적 도구로 적절히 활용되고 있는 것이다. 그리고 이는 분명 YG 패밀리의 음악적 색깔을 만들고 발전시키는 데 도움이 되는 방향으로 나아가고 있다.

8평 정도 되는 지하의 남의 사무실을 빌려 시작한 YG는 가족처럼 끈끈한 정으로 십수 년 만에 특급 엔터테인먼트 회사로 성장하는 쾌거를 이뤘다. 물론 초창기 소속 멤버들 가운데 YG를 떠난 이들도 있지만 대다수 핵심 멤버들은 고되고 힘든 연습생 시절부터 가족으로 뿌리를 박고 함께 고난을 헤쳐왔다. 이런 정신이 아직까지 살아 숨 쉬고 있기에 아직도 당당히 "우리는 YG 패밀리"라고 외칠 수 있는 것인지도 모른다.

서로가 서로를 가족처럼 느끼고 대하며 희로애락을 함께하는 이들의 모습에서 YG 패밀리의 숨은 힘을 느낄 수가 있다. 앞으로 더, 세계적인 엔터테인먼트 그룹으로 뻗어나갈 YG. 그럼에도 YG 패밀리라는 이름 아래 지금까지 그래왔던 것처럼 젊고 자유로운 감성으로 함께 서로 돕고 의지하며 나갈 것이다.

5

길게, 오래,
우리는 함께 간다

> 이런 말을 하면 건방지게 들릴 수도 있겠지만, 돈이라는 것이 아무리 부자라고 해도 내가 번 걸 다 쓰고 죽을 수는 없다. 돈이라는 것은 축적하고 사용하기 위한 도구일 뿐이지 돈이 100억이 있던 수조 원이 있던 아무리 많아도 행복감은 똑같다고 생각한다. 솔직하게 말해, 밥 굶는 게 아닌 상황에서 누군가 내게 왜 돈을 버느냐고 묻는다면 나는 쓰기 위해 번다고 말한다. 잠시 내가 보관하는 것뿐이라고. **- 양현석**

2014년 4월 말경, YG의 양현석 대표는 세월호 참사의 희생자들을 위해 YG의 사내 기부 프로그램인 '위드(With)'를 통해서 5억 원을 기부한다는 소식을 발표했다. '위드'란 YG가 팬들의 성원에 보답하고자 지난 2009년부터 시작한 공익 나눔 활동으로 양현석을 포함한 YG 소속 연예인과 직원들 모두가 적극 참여하고 있는 중이다. YG는 '위드' 캠페인을 통해 매년 YG의 매출의 일정 부분을 적립해 필요한 곳에 기부하는 것은 물론, 자선 화보 촬영과 같은 재능 기부와 봉사 활

YG FAMILY

NOTICE　NEWS　ARTISTS　ACTORS　MULTIMEDIA　E-SHOP　◯ WITH

YG WITH

WITH CAMPAIGN　　ABOUT YG WITH

YG Entertainment의 공익 캠페인,
WITH를 소개합니다.

WITH CAMPAIGN은, YG Entertainment가 대한민국 문화트렌드를 이끌어가는 엔터테인먼트업계 리더기업으로서 사회적 책임을 다하기 위해 진행하는 공익 캠페인입니다.

'WITH'는 모두 '함께' 사랑과 희망을 나누는 삶을 의미하며, 특정 아티스트를 앞세운 일회성 이벤트가 아닌, YG Entertainment에서 주도하는 공익캠페인으로 아티스트와 팬이 함께 참여할 수 있는 다양한 프로젝트를 전개하고 있습니다.

YG Entertainment는 발표하는 모든 앨범, 상품, 공연 등의 수익금 일부를 사회에 환원하고, 이 외에도 다양한 방식의 나눔 캠페인을 지속적으로 진행할 예정입니다.

WITH 캠페인을 통해 YG Entertainment의 아티스트를 사랑해 주시는 어린 나이의 팬들에게 자연스러운 기부문화를 배울 수 있는 계기를 만들고, 또한 전 세대가 함께 할 수 있는 다양한 프로젝트들을 전개할 예정이니 많은 분들의 관심과 성원을 부탁 드립니다.

앞으로도 YG Entertainment는 나눔의 즐거움을 여러분께 전하겠습니다.

감사합니다.

YG 공익 캠페인 WITH 로고

아프리카 속담에 이런 말이 있다.

"빨리 가려면 혼자 가고, 오래 가려면 함께 가라."

이 말에 담긴 뜻과 가치를 가장 잘 실현하고 있는 사람들이

바로 양현석과 YG 패밀리가 아닐까.

그들의 패밀리 정신은 회사를 넘어 사회 속에도 스며들고 있다.

동 등을 통한 나눔 활동을 지속적으로 이어가고 있다. 2011년 일본 대지진 참사 때도 '위드'를 통해 기부했다. '위드' 캠페인에는 YG 패밀리뿐 아니라 YG 패밀리를 사랑하는 팬이라면 누구나 참여 가능하다. 팬들도 자연스럽게 기부 문화를 체험할 수 있도록 장을 열어주는 것이다.

이외에도 2013년부터는 연세대 세브란스병원과 함께 심장병 환자를 돕는 '드림 기프트(Dream Gift)' 캠페인을 진행하는 등 YG는 다양한 기부 및 봉사 활동을 통해 지속적으로 사회 환원 활동을 해오고 있는 중이다. 기부천사, 봉사왕으로 유명한 션은 물론이거니와 빅뱅, 투애니원, 싸이 등 소속 연예인들도 개별적으로 기부 및 봉사 활동을 활발하게 전개하고 있다. 악동뮤지션의 경우는 〈K팝 스타〉 시즌2에서 받은 상금을 모두 기부하기도 했다.

2013년 3월, 양현석은 YG 대주주로서 받게 될 현금 배당금 10억 원을 형편이 어려운 어린이 환자들에게 전액 기부했다. 주식 배당을 10억 원씩이나 받게 된다는 사실을 경제신문 보도를 통해 알았을 만큼 평소 주식이나 주가에는 관심을 갖지 않는 양현석은 "단 한 푼도 빼지 않고 모두 수술비가 없어 고생하는 어린이 환자들을 위해 쓰겠다"고 밝혀 관심을 모았다. 하지만 정작 그의 태도는 겸손했다.

"YG를 상장할 때부터 주식을 팔아서 돈을 벌겠다는 생각 같은 건 없었다. 다만 YG가 미국, 유럽, 일본 등의 거대 회사들과 세계 시장에서 경쟁할 수 있는 규모를 갖추려고 상장했을 뿐이다. 그때부터 주식으로 얻는 이익은 좋은 일에 쓴다고 다짐했는데 오히려 늦은 감이 있

YG는 다르다

어 죄송하다."

예의상 한 말이 아니다. 취중진담이라고, 실제로 양현석은 술자리에서 지인들에게 이렇게 말을 하곤 했다.

"제가 잘나고 잘해서 YG가 잘된 게 아니에요. 구성원들의 노력과 팬들의 성원이 있었기에 가능한 일이에요. 그래서 늘 이 은혜에 감사하기 위해서라도 기부에 앞장서겠다고 다짐했지만 바쁘게 살다 보니 더 일찍 실천을 못한 게 아쉽습니다."

2014년 들어 이런 양현석의 마음은 본격적으로 실현되기 시작했다. 2014년 5월, 양현석은 YG 창립 18주년을 맞아 어려운 청소년과 어린이를 돕기 위한 '무주 YG 재단'을 설립해 개인 재산 10억 원을 쾌척했다. '무주(無住)'란 '머무름이 없다', '주인이 없다'라는 뜻이다. 들리는 말에 따르면, 양현석은 평상시에도 '돈에는 머무름이 없고, 주인도 없다'라는 말을 종종 해왔다고 한다. 즉 자신이 번 돈은 양현석 자신만의 돈이 아니기에 이를 더 필요로 하는 음악에 투자하거나 더 절실히 필요한 사람에게 돌려줘야 한다는 것이다. 실제로 양현석은 다음과 같이 말했다.

"이런 말을 하면 건방지게 들릴 수도 있겠지만, 돈이라는 것이 아무리 부자라고 해도 내가 번 걸 다 쓰고 죽을 수는 없다. 돈이라는 것은 축적하고 사용하기 위한 도구일 뿐이지, 돈이 100억이 있던 수조 원이 있던 아무리 많아도 행복감은 똑같다고 생각한다. 솔직하게 말해, 밥 굶는 게 아닌 상황에서 누군가 내게 왜 돈을 버느냐고 묻는다면 나는 쓰기 위해 번다고 말한다. 잠시 내가 보관하는 것뿐이라고."

양현석의 말에는 나눔뿐 아니라 좋은 음악을 만들기 위한 투자의 개념도 들어 있다. 어찌되었든 돈에 대한 양현석 회장의 생각을 알 수 있는 대목이다.

'YG 무주 재단'을 설립하며 양현석은 "이제야 재단이 설립되어 기부를 실행에 옮길 수 있게 돼 기쁘다"라는 소감을 밝히며 앞으로 재단을 통해 지속적인 나눔 활동을 펼치겠다고 약속했다. 'YG 무주 재단'은 어려운 환경에 처해 있는 청소년과 결손가정 청소년 및 어린이의 학자금과 치료, 재활 지원금을 지원할 계획이란다.

그런데 양현석 회장과 YG의 사회에 대한 관심과 기여는 이러한 금전적인 부분에만 국한되는 것 같지 않다. 그가 기획하고 참여하고 있는 〈K팝 스타〉를 보면 다른 형식으로 사회적 기여를 하고 있는 것은 아닐까 하는 생각이 든다. 비슷한 포맷의 수많은 오디션 프로그램 속에서 〈K팝 스타〉는 날이 갈수록 그 인기를 더해가고 있다. 특히 한 주 차의 방송이 끝나면 양현석의 심사평은 세간에 화제가 된다. 일반인들은 쉽사리 짐작하기 어려운 그의 평가 기준과 결과 때문이다. 어떨 때는 좋은 실력을 보여준 지원자에게 눈물이 쏙 빠지도록 독설을 내뱉기도 하고, 어떨 때는 영 어설픈 실력을 보여준 지원자에게 기대가 된다며 더 노력해보라고 독려하기도 한다.

그런데 곰곰이 생각해보면 그가 왜 그런 심사평을 하는지 알 것 같다. 양현석이 〈K팝 스타〉에 출연하는 것은 단순히 YG를 위해서가 아니다. 국내 굴지의 엔터테인먼트 수장이자 제작자로서 자신이 쌓아온 경험과 능력을 활용해서 오디션에 나온 이들의 성장을 돕기 위한 측면이 강하다. 그렇기에 때로는 자신의 이미지에 해가 되더라도 냉정한 평가를 한다. 지원자들의 성장과 발전에 도움이 된다면 기꺼이 나무라고 질책하기를 꺼리지 않는 것이다. 그는 여기에 그치지 않고, 비록 수상하지 못했거나 크게 부각되지 못한 지원자라도 잠재력이 엿보이고 하고자 하는 의지가 남다르다면 YG의 연습생으로 받아들여 장기간의 육성 프로그램을 받게 하기도 한다.

아프리카 속담에 이런 말이 있다.

"빨리 가려면 혼자 가고, 오래 가려면 함께 가라."

남보다 빨리 원하는 것을 얻고 싶으면 혼자만 잘하면 된다. 하지만 지금 갖고 있는 것을 오래도록 간직하고, 지속적으로 성장하고 발전하려면 다른 이들과 함께 잘 어울려 살아야 한다는 뜻이다. 이 말에 담긴 뜻과 가치를 가장 잘 실현하고 있는 사람들이 바로 양현석과 YG 패밀리가 아닐까. 그들의 패밀리 정신은 회사를 넘어 사회 속에도 스며들고 있다.

⑥
비즈니스를 넘어
문화를 꿈꾼다

홍대와 그 주변은 나의 음악적 모태이자 고향이나 다름없다. 지금
도 가끔 홍대 밤거리를 혼자 돌아다닐 때 살아 있는 기분을 느낀다. 부동산으
로 뭔가를 벌어서 남기려는 것은 아니다. 하지만 오늘의 나와 YG를 만들어
준 홍대에서, 그리고 한국 가요계의 토양이 된 인디와 언더 쪽 꿈나무들이 땀
흘리며 음악을 계속하고 있는 그곳에서 내가 이루려는 소원이 있다. 그래서
은행 융자를 받아가며 시가보다 비싼 돈을 치르고 홍대 쪽 건물과 땅을 샀다.
임대료와 은행에 내는 이자를 따지면 실상 남는 건 없다. **- 양현석**

금요일 저녁, 젊음의 거리인 홍대 중심가. 한 가게 앞에 사람들이 늘
어서서 긴 줄을 이루고 있다. 이곳이 요즘 제일 핫한 클럽인가 생각하
면 오산이다. 이들이 입장을 하기 위해 서 있는 가게는 바로 포차, 즉
포장마차다. 노란색 간판에 빨간색 글씨로 촌스럽게 적힌 상호가 보이
는 '삼거리 포차'. 홍대 로데오 거리가 시작되는 삼거리 끝에 있어서 붙
여진 이름답게, '삼거리 포차'는 홍대의 랜드마크다. '삼거리 포차' 하
면 대부분의 사람이 어디쯤인지 금세 알아챈다. 그래서 '삼거리 포차'

를 기준으로 위치를 설명하는 사람도 부지기수다. 그리고 놀랍게도 이 '삼거리 포차'의 주인이 바로 YG의 수장 양현석이다.

지금이야 번듯한 건물 1, 2층에 자리를 잡았지만 그 이전만 해도 상호 그대로 허름한 노천 포장마차였다. 겨울이면 비닐로 천막을 쳐서 추위를 막던 그 시절에도 삼거리 포차에는 기다리는 손님이 넘쳐났다. 양현석은 오래전부터 친구에게 맡겨 경영하던 이 허름한 노천 포장마차를 2012년 연말께 그 자리에 재건축한 자신의 빌딩 1, 2층에 깔끔히 새 단장을 해 오픈했다. 최고급 한정식집이나 고깃집도, 이탈리안 레스토랑이나 프렌치 레스토랑도 아니다. 말 그대로 누구나 편히 들어갈 수 있는 포장마차를 서울에서 가장 비싼 상권 가운데 하나인 홍대, 그것도 유동인구가 많은 홍대 정문 옆 신축 건물에 들였던 것이다. 도대체 왜일까? 이에 대해 YG의 한 관계자는 이렇게 말했다.

"양현석 회장이 홍대 앞 거리문화에 각별한 애정을 보인다. 오늘의 YG가 있기까지 자유스러운 홍대 문화의 한 축으로 발전해온 인디 음악의 큰 도움을 받았다고 직원들에게 늘 강조한다. 홍대 거리를 오가는 젊은이와 외국 관광객들이 편하고 부담 없이 즐길 수 있도록 삼거리 포장마차는 계속 그 자리에 있어야 한다는 게 양현석 회장의 소신이다."

한마디로 홍대 문화 발전을 위한 발상의 전환에서 시작되었다는 설명이다. 이러한 바람이 맞아 떨어진 것일까. 삼거리 포차는 재개장 이후에도 손님들이 끊이질 않고 있다. 양현석 회장이 직접 디자인에 관여했다는 1990년대식 복고풍 실내 인테리어와 높은 천장은 쾌적함을 제공하며, 노출 콘크리트를 활용한 건물 외관은 홍대 앞에 걸맞는 독특한 디자인을 자랑한다. 여기에 한국적 포장마차다운 서민 스타일을 강조한 것이 어우러져 홍대를 찾는 젊은이나 외국인들 누구나 부담 없이 찾을 수 있는 명소로 떠올랐다.

더욱 놀라운 것은 1년 6개월여에 걸친 리뉴얼 공사가 끝난 뒤에도 예전 종업원들이 대부분 복귀해 단골손님을 맞이하고 있다는 점이다. 삼거리 포차 개업 때부터 일했던 주방 아줌마와 고참 직원들 대부분을 양현석이 직접 챙기고 있었던 것이다. 이들도 YG 패밀리의 일원으로 받아들였기에 가능한 일 아닐까. 양현석의 의리와 정을 진하게 느낄 수 있는 장소가 바로 삼거리 포차인 셈이다.

삼거리 포차뿐 아니다. 홍대에 조금이라도 관심이 있는 사람이라면 홍대 이곳저곳에서 양현석의 체취를 느낄 수 있을 것이다. 합정동 쪽에는 YG 사옥과 양현석이 살고 있는 집이 있고, 홍대 쪽에는 개인적으로 투자한 건물들과 개인적으로 투자한 업소 또는 합작, 동업을 하고 있는 업소들이 몰려 있다. 돈을 조금씩 벌 때마다 은행 융자를 곁들어 사들인 것들이다. 지금도 YG 사옥 주변의 건물을 매입하고 있는 중이다. 도대체 왜 그러는 것일까? 이에 대해 양현석은 이렇게 말했다.

"홍대와 그 주변은 나의 음악적 모태이자 고향이나 다름없다. 지금도 가끔 홍대 밤거리를 혼자 돌아다닐 때 살아 있는 기분을 느낀다. 부동산으로 뭔가를 벌어서 남기려는 것은 아니다. 하지만 오늘의 나와 YG를 만들어준 홍대에서, 그리고 한국 가요계의 토양이 된 인디

YG는 다르다

와 언더 쪽 꿈나무들이 땀 흘리며 음악을 계속하고 있는 그곳에서 내가 이루려는 소원이 있다. 그래서 은행 융자를 받아가며 시가보다 비싼 돈을 치르고 홍대 쪽 건물과 땅을 샀다. 임대료와 은행에 내는 이자를 따지면 실상 남는 건 없다."

이러한 속사정을 잘 모르는 사람들은 그가 YG에서 번 돈으로 부동산 투자에 몰두하는 것 아니냐는 오해의 시선으로 바라보기도 하는데, 절대 그렇지 않다. 이재에 밝은 이들의 눈으로 본다면 양현석은 엔터테인먼트 산업에서는 귀재일지 몰라도 부동산을 굴리는 데는 재주가 없는 편이다. 다만 홍대에서 이루고픈 꿈이 있기 때문에 부동산에 투자하는 것이 아니라 '그 꿈에 투자'하는 것이다.

홍대에서 이루려는 그의 꿈이 무엇인지는 아직 모른다. 언젠가 때가 되면 발표할 것이라는 말로 그는 후일을 기약했다. 다만 우리가 알 수 있는 것은 양현석이 홍대를 자신과 YG의 음악적 고향으로 생각한다는 것, 그 음악적 고향에서 다른 사람들과 함께 더 많은 것을 이루려고 노력한다는 점일 것이다. 이 또한 홍대 문화를 자신과 YG 문화로 받아들였기에 가능한 것이 아닐까. 그는 오늘도 자신의 꿈을 위해 눈앞의 이득 대신 그만의 원칙을 지키며 홍대에 터전을 마련하고 있다.

7
아티스트가 행복하면
회사도 행복하다

아티스트가 돈을 못 벌면 회사도 망하는 거죠. 결국 아티스트가 돈을 많이 벌어서 부자가 될수록 회사도 번창하는 겁니다. 그렇다면 아티스트가 본업 외에 연관된 분야에서도 지속적으로 부가적인 이익을 창출할 수 있게 회사가 주의를 기울여야 합니다. 아티스트들도 자신의 활동 범위가 넓어지고 활용도가 높아져서 더 많은 수입을 얻게 되면 기쁘지 않을까요. '아티스트가 행복하면 회사도 행복하다.' 이런 명제인 거죠. **- 양민석**

2014년 9월, YG는 세계적인 명품 패션업체인 루이비통모에헤네시(LVMH)그룹 계열 사모펀드 L캐피털아시아로부터 8000만 달러(약 827억 원)의 투자를 유치했다. 한국 기업으로서는 처음 있는 일이었다. 그 전까지 L캐피털아시아가 한국 기업에 투자한 적은 없기 때문이다. 이를 통해 YG는 음악과 패션, 화장품을 아우르며 새로운 트렌드를 창조해가려는 데 한 발 유리해졌다.

패션과 음악은 함께 가는 것이라고 생각하는 양현석은 같은 달 삼성제일모직과 합작해 내추럴나인을 공동 설립하고 패션 브랜드 '노나곤'을 론칭했다. 그리고 한 달 후에는 화장품 브랜드인 '문샷'을 론칭했다. 둘 다 YG의 색깔이 절묘하게 묻어나는 브랜드로, 노나곤의 시크하면서도 컬러풀한 의상과 문샷의 강렬하고 트렌디함이 YG의 대표 아티스트들을 떠올리게 한다. 덕분에 화제를 모으며 순항 중이다. 이런 마당에 L캐피털아시아의 투자 유치는 그야말로 날개를 단 격이다. 여기에 그치지 않고 YG는 모델 에이전시 투자 및 홀로그램 공연 사업 등 다양한 방면으로 계속 사업을 펼치고 있다. 이러한 사업 다각화의 배경은 무엇일까? 양민석 대표의 말을 들어보자.

"싸이, 빅뱅, 투애니원 등의 음악으로 해외 시장을 폭넓게 개척하며 좋은 신호를 얻었지만 예전처럼 국내만 봤을 때는 음악시장이 무척 어렵습니다. 제작이나 시장 상황, 또 재무적으로 가늠해봤을 때 YG가 음악시장에만 웅크려 있다가 과연 존재할 수 있을까, 고민을 많이 하는 중이에요. 제작 쪽에 투입되는 자금 규모는 갈수록 높아지는데 좁은 한국 시장만 겨냥해서는 돈을 벌기가 너무 힘든 게 현실입니다. YG 아티스트들이 해외에서 투어도 성황리에 돌고 있어 계속 성장하는 중이지만, 결국은 회사의 연속성을 보장받을 만한 새로운 신규 사업을 해야 할 시기에 도달했어요. 그렇다고 아무 사업이나 마구잡이로 해서는 안 되는 거고요. 저희에게는 전 세계에서 가장 각광받는 YG라는 브랜드가 있습니다. 이 무형의 자산이 더 큰 가치를 인정받도록 하면서 어떻게 다른 수익 사업 진출 쪽으로 연결될 수 있을까 하는 숙제를 안고 있는 거죠. 사업 다각화라기보다는 기존 사업을 안정

YG 사업 다각화의 배경에는 회사의 수익성 말고도
또 다른 이유가 있다. 바로 소속 아티스트들의 수익성이다.
즉 회사의 행복이 우선이 아니라 아티스트의 행복이
우선이란 말이다. 그렇기에 아티스트에게 도움이 될 만한
사업들을 고려한다는 것이다. 소속 아티스트들을
가족으로 품는 YG의 정신이 엿보이는 대목이다.

화할 수 있는 방법을 찾다 보니 새로운 투자라는 답을 도출하게 됐습니다. 새로운 사업이지만 YG 브랜드와 연관돼서 시너지가 날 수 있는 부분에 관심을 갖고 진출하는 중입니다."

즉 기존에 해본 적도 없고 잘 모르는 사업에 문어발식으로 진출하는 것이 아니고, 잘 알고 잘할 수 있는 분야에서 YG 브랜드로 확장해서 시너지 효과를 노리겠다는 말이다.

"얼마 전 YG는 모델 에이전시 K플러스에 투자를 통해 1대 주주가 되었습니다. K플러스의 당기순이익 몇 퍼센트를 배당받으려고 투자한 게 아니에요. 엔터테인먼트와 모델 업계는 여러 면에서 깊은 관련이 있으니까, 2인 3각을 했을 때 분명히 폭발적인 시너지 효과가 날 것으로 분석했어요. 이런 쪽의 시너지 효과를 낼 수 있는 사업 부문을 찾는 데 깊은 관심을 갖고 지켜볼 거예요. YG 브랜드와 콘텐츠가 더 각광받고 활용될 수 있는 사업을 찾는 거지요."

패션 브랜드, 코스메틱 브랜드도 그러한 면에서 선택이 되었고, 투자까지 유치하는 등 현재로서는 출발이 좋다. 하지만 이러한 사업 다각화의 배경에는 회사의 수익성 말고도 또 다른 이유가 있다. 바로 소속 아티스트들의 수익성이다. 양민석 대표의 말을 계속 들어보자.

"제 신조 중 하나가 아티스트가 가난하면 회사도 가난하다는 거예요. 가난한 아티스트랑 일하면 회사도 수입이 없으니 가난해질 수밖에요. 이건 당연한 논리입니다. 아티스트가 수익을 내야 수익을 나눠 갖는 건데, 아티스트가 돈을 못 벌면 회사도 망하는 거죠. 결국 아티스트가 돈을 많이 벌어서 부자가 될수록 회사도 번창하는 겁니다. 그

YG는 다르다

러면 아티스트가 본업 외의 연관된 분야에서 지속적으로 부가적인 이익을 창출할 수 있도록 회사가 주의를 기울여야 합니다. 아티스트들도 자신의 활동 범위가 넓어지고 활용도가 높아져서 더 많은 수입을 얻게 되면 기쁘지 않을까요? '아티스트가 행복하면 회사도 행복하다' 이런 명제인 거죠."

즉 회사의 행복이 우선이 아니라 아티스트의 행복이 우선이란 말이다. 그렇기에 아티스트에게 도움이 될 만한 사업들을 고려한다는 것이다. 소속 아티스트들을 가족으로 품는 YG의 정신이 엿보이는 대목이다. 어쩌면 이러한 면을 소속 아티스트들도 알고 있기에 계속 끈끈한 유대관계를 이어나갈 수 있는 것이 아닐까.

어쨌든 이런저런 이유로 YG의 사업 규모는 원하던 원하지 않던 간에 큰 규모로 발달했고, 여러 종류의 사업들이 동시에 진행되고 있다. 그렇다면 이제 YG가 바라는 것은 무엇일까? 이 부분에 대해서는 양현석 회장의 말을 들어보자.

"지금 제일 관심 있는 쪽은 중국이다. 십수 년 전 베이비복스가 중국에 진출했던 이후로 가요계의 시도는 많았지만 내 판단은 '아직 때가 이르다'라는 것이었다. 당시만 하더라도 중국이 지금처럼 경제적으로 잘살던 때가 아니었다. 반면 일본 시장은 국내 가수들이 활동하기에 유리한 환경을 고루 갖추고 있었다. 지금은 상황이 바뀌었다. 경제 분야에서도 마찬가지지만 한국 가수들이 반드시 뚫고 들어가야 될 시장 1위가 바로 중국이다. 한국 가수는 비슷한 문화권에서 살고 있다는 유리한 조건을 갖추고 있다. 머리카락과 눈동자 색이 다르고 문화가 천양지차인 미국 가수들이 중국 대중에게 침투하는 것이 얼마나 힘들겠나. 그런데 한국 음악에는 서구의 문화와 방식도 섞여 있다. 퓨전 음식인 것이다. 정통 음식으로만 간다면 중국도 한국에 뒤지지 않는다. 정통 음식보다 퓨전으로 중국 사람들이 좋아할 만한 요소들을 지니고 있는 게 강점이다. 중국인들도 서구 문화를 좋아하지만, 아직 완전히 개방적이지는 않다. 중국 시장의 문호가 앞으로 더 활짝 열릴 것이라고 생각해서 지금 비밀리에 준비하는 프로젝트가 몇 가지 있다. 일본 시장은 이미 진출한 지 오래되어서 위너나 앞으로 나올 가수들이 원활하게 활동할 여건이 숙성됐다. 지금은 중국에 다리를 놓기 위해 모종의 비밀 프로젝트를 많이 진행하고 있다."

이제 모종의 비밀 프로젝트가 점점 수면 위로 드러날 것 같다. 제일모직, L캐피털아시아 등의 협력으로 인해 YG는 음악뿐 아니라 패션이나 코스메틱 영역에서도 윈윈할 수 있는 전략적 파트너를 얻었다. 아직은 출발 지점에 있을 뿐이지만, 이에 거는 기대감이 크다. 2014년 로이터 통신도 이와 관련한 양현석 대표와의 인터뷰를 통해 "2012년 싸이를 세계에 선보인 한국의 엔터테인먼트 기획사 YG는 LVMH, 삼성과 같은 큰 기업들과 협력, K팝 스타일로 중국 패션 및 엔터테인먼트 시장을 정복할 것"이라는 논평을 내놓기도 했다. 아티스트와 함께 행복을 꿈꾸는 YG의 행보가 어디까지 펼쳐질 것인지 앞으로가 기대된다.

8

YG에는 수십 명의
양군이 있다

> 사실 나부터 변해야 한다. 이제 나 혼자 모든 것을 다 할 수 있는 규모가 아니다. 지누션 때부터 YG에서는 모든 사운드에 관련된 믹싱은 나의 최종 점검을 거쳐야 했다. 지금은 한 가지에만 몰두할 수는 없는 시기인 듯하다. 이제는 한 발자국 물러서서 다양한 일을 해야 할 것 같다. 예전에는 한 가지 일을 100퍼센트로 했다면, 지금은 열 가지 일을 10퍼센트로 배분해서 해야 할 것 같다. YG 패밀리들이 빠르게 늘어나고 있으니 고루 신경 쓰기 위해서라도 꼭 필요한 개혁이다. 주변에 좋은 스태프를 두어 원활하게 할 수 있도록 하고 있다. **- 양현석**

경영은 동생 양민석이 맡고 있긴 하지만 YG의 실질적인 수장은 양현석이다. 이는 누구도 부인할 수 없는 사실이다. 현재 그의 직함은 공식적으로 '회장'이지만 그를 부르는 호칭은 여러 가지다. 서태지와 아이들 시절부터 그를 아는 사람들은 '양군'이란 애칭으로 부른다. 이 애칭에서 현재 YG 엔터테인먼트의 이름이 비롯되었다는 점은 앞에서도 설명했다. 거미와 휘성, 빅마마, 세븐 등을 연달아 히트시키며 한국 힙합의 주류로 자리매김할 무렵에는 '양싸'라고 불리기도 했다. '양현석

사장'의 준말이었다.

정작 양현석 본인은 자신을 YG의 제작자요, 대표 프로듀서로 소개한다. 서태지와 아이들 은퇴 이후 더 이상 춤꾼이나 가수가 아닌 PD로서의 삶에 전념하고 있다는 의지의 표현인 셈이다. 어쩌면 현재의 양현석을 잘 표현하는 가장 적당한 수식어가 아닌가 싶다. 그럼에도 우리는 그를 '양군'으로 기억한다. 늘 새로운 도전을 하는 그는 아직 젊기 때문이다.

물론 생물학적 나이가 사십 줄에 접어든 양현석은 변했다. 생활습관과 사고방식도 20~30대를 살던 때와는 판이하게 다르다. 먼저 가족이 생겼다. 잠시도 스튜디오를 벗어나지 못하고 일에만 매달려 지내던 그가 잠시라도 짬을 내 일본과 미국으로 며칠씩 여행을 떠나는 것은 가족을 위해서다. 딸 이야기만 나오면 슬며시 미소부터 머금는, 얼굴에서부터 영락없이 딸 바보 아빠임을 인증한다. 다음으로 회사 규모가 달라졌다. 이제 YG는 양현석, 양민석 형제와 매니저 한 명으로 출발했던 MF기획(혹은 양군기획)과는 차원을 달리하는 국내 굴지의 상장기업이다. YG에서 일하고 있는 직원만 수백 명이고, 미국 아이비리그 출신의 인재들도 회사에 그득하다. 양현석은 더 이상 밤과 낮을 거꾸로 살며 노래와 춤에만 몰두하는 삶으로는 YG를 이끌어 갈 수 없다는 것을 어느 순간 깨달았다. 그래서 그는 욕심을 좀 덜었다.

"나부터 변해야 한다. 이제 나 혼자 모든 걸 다할 수 있는 규모가 아니다. 지누션 때부터 YG에서는 모든 사운드에 관련된 믹싱은 나의 최종 점검을 거쳐야 했다. 모든 것을 미국에서 해오지만 최종적으로 내가 다 수정했다. 모든 YG 가수들 작업이 다 그랬다. 이걸 YG의 자존심으로 지켜왔다. 세계적으로 뒤지지 않는 사운드를 만들기 위해서 고치고 또 고치고, 반복하면서 작업했다. 빅뱅의 곡들은 특히 믹싱이 어려웠다. 곡 하나를 잡고서 한 달 동안 작업했던 기억도 있다. 원하는 사운드를 만들어내기 위해서 정말 하루 종일, 한 달 내내 곡을 가다듬었다. 지금은 한 가지에만 몰두할 수는 없는 시기인 듯하다. 이제는 내가 다 한다는 고집을 버리고 한 발자국 물러서서 다양한 일을 해야 할 것 같다. 예전에는 한 가지 일을 100퍼센트로 했다면, 지금은 열 가지 일을 10퍼센트로 배분해서 해야 할 것 같다. YG 패밀리들이 빠르게 늘어나고 있으니 고루 신경 쓰기 위해서라도 꼭 필요한 개혁이다. 한 가수에 몰입하면 다른 가수가 안 보이니까 그런 점들을 고치려고 노력하고 있고, 주변에 좋은 스태프를 두어 원활하게 할 수 있도록 하고 있다."

　물론 쉽지만은 않을 것이다. 특히 양현석처럼 한 가지 일을 100퍼센트로 해왔던 사람에게는 더욱 어려운 숙제일 수 있다. 하지만 YG가 한 단계 더 발전하고 성장하기 위해서는 필요한 과정이다. 그렇게 업무와 권한을 배분하는 일은 또 다른 '양군'을 키워내는 작업일 수 있다. 열 가지 일을 10퍼센트로 배분했을 때, 그 10퍼센트를 맡은 각각의 사람이 각자의 분야에서 최고의 결과를 내기 위해 100퍼센트로 일을 해낸다면 그가 곧 '양군'이기 때문이다. 이렇게 열 명의 '양군'을 거느린 양현석은 이전보다 더 많은 일을 해낼 수 있을 것이며, 그로 인해 YG에는 더 많은 양군이 생기고 더 많은 성장과 발전을 이룩할 수 있을 것이다.

이를 위해 양현석은 생활패턴까지 바꿨다. 젊었을 때부터 그는 오후 늦게 일어나 밤새 일하고 아침에 잠자는 습관이 있었다. 하지만 최근 들어서는 매일매일을 월요일로 생각하고, 아침에 출근해서 밤늦게까지 일하고 퇴근한다. 아침형 인간으로 변신한 것이다. 물론 쉽지만은 않았다. "금연보다 더 힘든 것 같다"라고 앓는 소리를 했지만, 그는 그의 목표를 충실히 지키고 있는 중이다. 덕분에 YG 직원을 포함한 관계자들도 덩달아 고난의 길에 접어들었다. 여느 기획사들처럼 느슨한 출퇴근 개념이 사라졌기 때문이다. "행복 끝 고생 시작"이라는 소리도 새어나왔다.

하지만 글로벌 기업으로 성장하고 있는 YG로서는 불평만 하고 있을 겨를이 없다. 해야 할 일이 늘었으면 늘었지, 줄어들지는 않았기 때문이다. "몸이 열 개라도 부족하다. 일에만 집중 또 집중하는 중"이라며 자신을 채찍질하는 양현석을 위해서라도 열 명, 스무 명의 양군이 필요하지 않을까. 분명 지금 그의 행보는 열 명, 스무 명을 넘어 서른 명, 사십 명의 양군을 만들어낼 것임에 틀림없다.

수십 명의 양군을 키워내는 일 외에도 같이 일하는 YG 패밀리 모두가 회사에 대한 자부심을 느낄 수 있도록 하는 것 또한 양현석의 바람이다. 현재 YG에서 일하는 풀타임 정규직만 280명, 여기에 아웃소싱하는 팀들도 적지 않다고 한다. 과거와는 달리 이제는 이름조차 모르는 직원들이 많아졌지만, 그래도 애초의 패밀리 정신은 유지시키고픈 마음이다.

"패밀리라는 말은 지누션, 원타임이 식구처럼 지냈을 때 생긴 말이다. 지금은 패밀리라고 하기에는 인원이 많아지긴 했다. 그래도 그 정신만은 가져가고 싶다. 하지만 말로만 패밀리를 외치며 억지로 잡는 것보다는 직원들과 소속 연예인들에게 그들이 YG에 대한 자부심을 느끼게 해주고 싶다. 그것이 제일 중요하다. 그러기 위해서는 항상 깨끗하고 투명하게 회사를 운영하고, 올바른 길로 가고, 남들보다 나은 시스템을 갖춰줘야겠다고 생각한다. 한 명, 한 명 친화력을 쌓기보다는 굳이 말하지 않아도, 만나지 않아도, 보지 않아도 신뢰할 수 있는 시스템을 만드는 데 집중하고 싶다."

결국 신뢰를 바탕으로 한 돈독한 관계를 쌓아가고 싶다는 말이다. YG의 일원이라는 것만으로도 서로에 대한 믿음이 생기고, 회사에 대한 믿음이 생기고, 함께 해낼 수 있다는 믿음이 생기는 것. 이런 신뢰와 자부심이 더 많은 양군을 만들어내고, 더 멋지고 독특한 YG의 문화를 이루어가는 것이 아닐까. 그로 인해 YG는 세계 속의 YG로서 더 큰 역할을 담당할 수 있게 될 것이다. 바로 양현석 회장의 목표처럼.

춤과 공연에 미친 남자

이재욱

/ YG의 개성 있는 춤판을 만든 사나이 /

흔히 남자 아이돌 하면 곱상한 외모에 '칼군무'를 떠올리게 마련이다. 칼군무란 정해진 동작을 한 치의 오차도 없이 딱딱 맞춰서 하는 집단 댄스를 말한다. 자고로 데뷔할 때 칼군무를 선보이지 않은 보이그룹은 없다고 해도 과언이 아니다.

빅뱅도 데뷔 때는 마찬가지였다. 하지만 어느 순간부터 빅뱅은 딱딱 만들어진 안무에 맞춰 춤을 춘다기보다는 흥에 겨워 한판 춤판을 벌이는 듯한 모습을 보여주기 시작했다. 무대를 쥐락펴락하면서 신나게 노는 모습에 팬들은 열광했고, 그런 자연스러운 춤판이 빅뱅의 트레이드마크가 되었다. 그런 춤판을 만들어낸 이가 바로 YG 콘텐츠본부 안무실의 이재욱 이사다.

이재욱 이사는 춤꾼 양현석이 만든 YG에서 춤을 논할 수 있는 단 한 명의 사람이다. 빅뱅이 다른 아이돌 그룹과 달리 멤버별로 뚜렷한 개성을 가지고 무대 위에서 자유롭게 '논다'는 평가를 받는 데에는 이재욱 이사가 '칼군무'를 벗어나 자유로운 안무를 구성한 것도 크게 한몫했다.

무엇보다 이재욱 이사는 YG의 전신인 현기획 때부터 양현석, 양민석 형제와 한솥밥을 먹은 YG 패밀리의 산증인이다. 밥값을 아끼기 위해 댄서들이 도시락을 싸와야 했던 현기획 시절을 아직도 생생하게 기억하고 있는 그는, 흔히 '백댄서'로 불리던 시절을 지나 현재는 안무를 직접 구상하는 디렉터로 활약하는 중이다. YG 아티스트의 무대를 개성 있는 안무로 더욱 빛내는 이재욱 이사를 만나 YG와 YG의 퍼포먼스에 대한 이야기를 나눴다.

/ YG 안무의 과거와 현재를 책임지는 진짜 춤꾼 /

현기획 시절부터 함께한, YG의 산증인에 가깝다. 처음에 어떻게 YG와 함께하게 되었나?

현기획이라니, 어색한데요. 그때의 YG는 춤에 관심이 좀 있다 하는 사람들은 모두 오고 싶어 하던 곳이었죠. 춤을 아는 사람들은 모두 서태지와 아이들의 양현석을 좋아했으니까요. 어떻게든 들어가야겠다고 하던 찰나, 서태지와 아이들의 댄서 형을 알게 되어서 기회를 잡을 수 있었어요. 그 전까지는 이불 깔고 연습 많이 했죠. 중3때부터 시작해서, 서태지와 아이들, 듀스 등을 보며 연습했어요. 클럽 같은 곳도 많이 가고, 멋도 많이 부렸어요. 귀도 뚫고 머리도 염색하고.

현기획에서의 생활은 어땠나?

그때 저희 댄스팀 이름이 하이테크였는데요, 현 양현석 회장님이 어려운 형편 속에서도 저희 하이테크 팀에게는 각별히 신경을 많이 써주셨어요. 아무래도 회장님도 춤꾼인 터라 우리 사정을 더 잘 아셔서 그랬는지 몰라도 옷이나 헤어스타일, 신발 지원을 굉장히 세심하게 적극적으로 해주셨어요. 다른 기획사와는 조금 달랐던 것 같아요. 일반적으로 댄스팀의 경우 리허설 때 입어서 땀에 쩐 옷을 그대로 입고 본 방송에 다시 서야 하는 경우가 비일비재했는데, 저희는 리허설 때랑 본방 때랑 옷도 다르게 입고, 웬만한 신인가수보다 잡지 사진도 많이 찍었어요.

일반적으로 안무팀은 외주 개념으로 운영되는 것이 대부분인 걸로 알고 있는데, YG는 조금 다른 것 같다.

맞아요. 우리는 철저하게 이 회사에 소속되어서 움직였어요. 당시 우리 팀에 댄서 네 명이 소속돼 있었는데, 많이 힘들었어요. 형들이 다 재즈를 하던 분들이어서 춤 동작 중 다리 찢는 걸 중시했거든요. 그것 때문에 힘들다고 나가는 친구들도 많았어요. 그때 유일하게 의지할 분이 회장님이었어요. 회장님이 "내일 방송해야 하는데, 다리 찢느라 멍들게 하지 마"라고 해주시곤 했거든요. 그래서 회장님만 기다렸어요. 방송이 끝나면 다 같이 모니터링을 했어요. 댄서 한 명, 한 명씩. 그런데 방송 전날에 그렇게 인자하던 회장님이 이때만큼은 호랑이보다도 더 무섭더라고요. 워낙 꼼꼼하게 보시니까 "이제 재욱이 보자"라고 하시면 엄청 긴장할 수밖에 없었죠.

/ YG에도 보릿고개가 있었다? /

사실인지 모르겠지만, 천하의 YG 댄스팀에게 '사이다도 몰래 먹어야 할' 정도로 어려운 시절이 있었다고 들었다.

지금 생각하면 재미있는데, 그때는 그게 왜 그렇게 서러웠는지. 원타임이 데뷔한 후 지방 스케줄을 가서 다 같이 밥을 먹는데, 활동 예산이 부족하다 보니 사이다도 못 시켜 먹게 하는 거예요. 제가 뭣도 모르고 음료수를 시켰다가 매니저한테 욕을 많이 먹었어요. 원타임의 테디가 그때 몰래 제게 사이다를 쥐어주는데, 참 애틋했어요. 그렇게 어렵고 고생은 했지만, 그래도 그때가 기억에 남아요. 정말로 춤에 미쳐서 무대에 선다는 생각만으로 신나서 펄펄 날아다닐 때였거든요. 지누션의 데뷔를 준비할 때에는 킵식스의 성과가 그리 좋지 못해서 회사 전체가 굉장히 예민할 수밖에 없었어요. 데뷔곡 〈가솔린〉 무대 안무를 넉 달 동안 짰는데요, 정말 매일 몇 시간씩 연습했어요.

요즘 K팝 아이돌들의 엄청난 연습량의 원조가 그때부터 시작된 건가?

진짜 그 당시에 무대에 대한 압박감과 그를 떨쳐버리기 위한 연습과 노력은 단순히 몇 마디 말로 설명할 수 없을 정도로 엄청났어요. 지누션의 경우 데뷔 방송이 있던 날 아침 8시까지 안무를 바꿨을 정도니까요. 십수 년이 지났지만 그 첫 무대는 정말 잊을 수가 없어요. 근데 그때는 공연과 연습만 한 것이 아니었어요. 아직까지 회사의 규모나 시스템이 갖춰져 있지 않다 보니 세차도 우리가 직접 했고요. 밥은 당시 연습생이었던 테디랑 제가 돌아가며 했어요. 당번을 짜서, 참치 캔도 사서 먹고, 설거지도 돌아가면서 하고. 그 차가운 물에 테디랑 제가 설거지를 하던 일은 잊을 수가 없어요. 요즘도 테디와 그때 얘기를 해요.

그래서 결국 반기를 들었다가 '삼일천하'로 끝나버렸다는 얘기가 있는데?

반기를 들었다고 하면 너무 거창한 얘기고요, 지누션이 잘되면서 정말 바빠졌어요. 어떤 때엔 하루에 춤추는 스케줄만 네 개씩 있었어요. 그런데 그 스케줄 하나당 보통 다섯 곡씩 불러요. 어느 날 세어보니 제가 하루에 38곡이나 무대에 섰더라고요. 그때는 예능 프로그램이 끝날 때에도 다 노래를 했거든요. 하루 안에 헬리콥터, 비행기, 오토바이, 보트를 다 이용한 적도 있어요. 션 형은 쓰러진 적도 있죠. 8인승 밴에 14명씩 타고 다니며 그렇게 일했어요. 그러던 어느 날 스케줄 마치고 댄서 여섯 명이 "도저히 힘들어서 참을 수 없다!"라며 동시에 도망간 적이 있어요. SBS 건물 끝에 각자 가방을 미리 두고 스케줄이 끝나자마자 일제히 튄 거죠. 3일인가 버텼어요. 삐삐가 왔는데, 회

272 _____

장님이 "지금 오면 아무 말 안 할게"라고 하시는데 무서워서 다시 돌아왔죠. 하하.

/ 비 온 뒤의 땅이 더 단단해지다 /

그런데 진짜로 YG와 결별 위기를 겪었다고 들었다.

그렇게 심각하게 결별이라고까지 할 건 아니고요. 사표를 한 번 썼었죠. 아마 원타임 2집 활동이 끝나고 나서였을거예요. 다른 데서 제의가 왔죠. 거기 가면 대장을 할 수 있다니까 잠시 솔깃했어요. 그런데 결국 멋있는 무대가 그리워서 돌아왔어요. 돌아오고 나서 처음엔 천덕꾸러기였어요. 사실 그땐 회장님이 밉더라고요. 기회를 안 주시니까. 워낙 배신 같은 걸 안 좋아하시는 분이라 한동안 저를 투명인간 취급하셨어요. 그러다 다시금 기회를 주신 게, 당시 초등학생이던 영배(태양)와 지용(지드래곤)이를 가르치라는 거였어요. 아직 어린애들인데 가르칠 사람은 필요하고, 한가한 사람이 저밖에 없었으니까요. 그때 마음을 먹었죠. 뭔가를 보여드려야겠다. 그래서 낮 2시부터 다음 날 새벽 6시까지 공부하고 가르치고, 또 공부하며 그 어린애들을 붙잡고 정말 열심히 했어요. 다행히도 제가 가르친 안무들이 회장님 보기에 좋다고 느껴지셨나 봐요. 그렇게 자연스럽게 안무를 짜게 된 거죠. 독기 있게 버티다 보니 '두고 보자' 하는 마음도 생기더라고요. 물론 결국 회장님의 능력을 인정하고 돌아올 수밖에 없었어요. 내가 이렇게 좋은 안무를 짤 수 있는 것도 회장님 덕분이고. 이렇게 인정해주는 회사가 또 없어요. 욕을 먹더라도 저 잘되라고 하시는 말씀인 걸 아니까요. 그러다 제가 빅뱅의 〈라라라〉와 세븐의 〈라라라〉를 같이 짜게 됐는데요, 안무를 짜는 게 즐겁다는 걸 그때 깨달았어요. 저한테는 터닝 포인트가 된 시기죠.

따로 또 같이, 빅뱅의 안무는 뭔가 기존의 보이그룹과 차별성이 있다는 평가를 받는다. 본인이 생각하는 빅뱅 무대 안무의 특징은?

과거에는 댄서들이 나갔다 들어왔다 하면서 멤버들을 더 부각시키고 서포트하는 게 어떨까 생각했어요. 그 후론 그런 스타일의 안무가 흔해졌죠. 빅뱅 멤버들 역시 무대 위에서 각자 따로 신나게 노는 듯한 안무가 많은데, 그게 큰 차별화 포인트가 되었어요. 한 명이 노래할 때 나머지 네 명이 똑같이 맞추는 건 멋이 없다고 생각했거든요. 프리 스타일(free style)로 보이지만, 사실은 다 정교하게 짜여 있는 안무이기도 하죠.

YG에서 안무를 짜는 과정은 어떤가?

메일로 노래를 받으면, 예전엔 하루 종일 들으며 안무 구상을 하곤 했어요. 노랫말도 음미하고, 이 부분에는 여자 안무가가 들어와야겠다, 여기선 남자로 바꾸고 등. 그렇게 큰 그림을 그린 후 세부적으로 잘라서 맞춰보죠. 코러스나 포인트는 마지막까지 남겨둬요. 수정을 거쳐 시뮬레이션 댄서들을 데리고 구상을 완벽히 하는 데까지 시간이 꽤 걸리죠. 그런데 요즘엔 또 그렇지도 않아요. 이틀 안에 짜야 할 때도 많거든요. 지드래곤 활동을 예로 들어보면 〈삐딱하게〉, 〈닐리리야〉, 〈블랙〉, 〈니가 뭔데〉, 〈쿠데타〉의 무대를 1~2주 간격으로 선보여야 했어요. 한마디로 매주 곡이 바뀌는 거예요. 화요일쯤 어떤 노래를 할 건지 정해지면, 그때부터 이틀 동안 열심히 짜는 거예요. 방송사에는 적어도 금요일 전에 안무 시안을 보내줘야 하는데 미치죠. 겨우 방송 끝내고 한 고비 넘겼다고 안도하면, 그 다음 주에 새로운 곡이 기다리고 있어요. 하하.

YG는 다르다

YG는 특히 외국 아티스트들과의 협업(collaboration)이 많은 것으로 유명하다. 그런 작업은 어떻게 진행하는지?

외국 안무가들은 선입견이 없어서 좋아요. 한국 스타일이나 포인트 안무가 있어야 한다거나 하는 생각이 전혀 없기 때문에 새로운 그림을 짤 수 있어요. 그래서 그들과 함께 일할 수 있는 건 정말 좋은 기회예요. 많이 배울 수 있으니까요. 요즘 어떤 안무가가 잘하고, 트렌디한지는 늘 보고 있어요. 그래서 먼저 접촉해 함께 작업하기도 하죠. 그런데 요즘은 반대로 그쪽 친구들이 오히려 우리에게 배우고 싶어 하고, 우리와 함께 일하고 싶다고 먼저 연락하기도 해요. K팝이 워낙에 인기가 높다 보니까 우리와 함께 작업했다는 것이 세계 무대에서도 통하고, 자신의 포트폴리오에도 상당한 영향이 있다 보니 그렇게 된 거죠. 태양의 〈링가링가〉의 안무를 만든 패리스 고블(Parris Goebel)도 그런 케이스죠. 그 친구도 태양의 작업을 하면서 아시아 지역에서 유명세를 얻었고, 이후로 일이 더 잘 풀리고 있는 걸로 알고 있어요. 빅뱅이 유명하니까 빅뱅의 안무를 했다는 경력이 크게 도움이 되는 거죠.

/ 또 다른 세계를 꿈꾸며 /

이재욱 이사는 지누션, 원타임, 세븐, 거미, 빅뱅, 투애니원 등 YG가 배출한 대표적인 가수들의 무대에서 댄서로서 활약했다. 그 스스로 몇 번이나 무대에 올랐는지 다 기억하지 못할 정도다. 이후 댄서와 안무가로서의 삶을 병행하다가 2010년 태양의 〈웨딩드레스〉 뮤직비디오를 마지막으로 댄서로서는 은퇴하고 전업 안무 디렉터로 변신해 YG의 무대를 책임지고 있다.

전성기 때 그가 추는 춤을 본 이들이나 안무가로서 작품을 만들어내는 모습을 본 사람들은 그가 타고난 댄서라며 엄지손가락을 치켜들기를 주저하지 않는다. 하지만 그는 지금도 "이동하는 밴에 있을 때가 제일 좋았어요. 그래도 잠은 잘 수 있었으니까"라고 할 정도로 밤낮없이 춤에 몰두해온 노력형 천재였다.

국내 최고의 엔터테인먼트 기업의 안무를 책임지는 디렉터 자리에 오른 그의 다음 목적지는 어디일까? 그는 '공연 디렉터'라고 말한다. '공연 디렉터'란 공연을 기획하고 연출하는 모든 영역을 책임지고 관장하는 마스터다. 한마디로 영화감독이나 방송 PD 같은 역할을 하는 사람으로 '무대예술의 꽃'이라 일컬어진다. 외국의 경우는 안무가를 하다가 공연 디렉터로 변신해 성공을 거두는 사람들이 많지만 한국의 경우는 안무가 출신의 공연 디렉터가 거의 전무한 상황이다. 이를 위해 이재욱 이사는 영상, 세트, 특수효과 등 관련 분야에 대한 공부를 하고 많은 공연을 보러 다니는 등 노력을 게을리 하지 않고 있다. 언젠가 우리는 YG의 콘서트에서 공연 디렉터로 변신한 그의 모습을 보게 되지 않을까. 그날이 오기를 같이 기도해본다.

Epilogue

기존의 성공 방정식을 무너뜨린
YG의 도전 본능

현재 한국 가요계에는 3대 기획사가 존재한다. 이수만의 SM, 박진영의 JYP, 그리고 양현석의 YG다. 2000년대 이후 십수 년 동안 지속된 삼각편대 체제는 2015년 현재까지 탄탄하게 유지되고 있다. 하지만 3대 기획사 안에서의 서열과 회사 규모에는 지각 변동이 감지된다. 세계 최고의 명품 브랜드 루이비통그룹으로부터 투자 유치까지 받은 YG는 발 빠르게 사업 다각화에 나서며 엔터테인먼트 영역을 넘어 재계의 신흥 세력으로까지 주목을 모으고 있다. YG가 이렇게 승승장구하는 배경은 무엇일까.

YG의 성공 요인을 알려면 먼저 가요계 3대 기획사의 공통된 특징을 파악할 필요가 있다. YG, SM, JYP는 모두 스타 연예인이 만들어 직접 키운 회사들이다. 큐브의 홍승성, 코어콘텐츠의 김광수, DSP의 이호

연, 예당의 고(故) 변대윤 사장 등 정통 매니저 출신들이 키운 대형 기획사들도 슬비하지만 아직 3대 기획사의 벽은 넘지 못하고 있다. 오히려 YG가 급격한 성장 모드로 들어가면서 갈수록 격차가 더 벌어지는 듯한 분위기다. 배용준의 키이스트, 이병헌의 BH엔터테인먼트 등 스타 배우들이 세운 기획사들이 배우 매니지먼트 업계에서 두각을 보이고 있지만, 일부에 불과하다. 이쪽에서는 정훈탁의 싸이더스HQ, 심정운의 심엔터, 이진성의 킹콩엔터테인먼트 등 매니저 출신들이 강세다.

배우 쪽과는 달리 가요계에서 연예인들이 직접 만들어 경영하는 회사가 두각을 나타내는 이유는 콘텐츠 집약 사업의 성격이 훨씬 강하기 때문이다. 예를 들어 싱어 송 라이터라면 혼자 작곡하고 가사를 붙여 노래를 부르는 1인 독무대가 가능하다. 이에 비해 배우는 시나리오와 감독이 필요하다. 물론 배우 중에도 시나리오 작가나 감독을 겸하고 있는 사람도 있지만, 3~4분 남짓한 노래와는 또 규모가 다르다. 그러다 보니 혼자서 할 수 있는 게 그리 많지 않다.

범위를 가요 기획사로 좁혀보자. 이수만과 박진영은 곡을 만들고 노래하며 프로듀싱까지 할 수 있는, 1인 3역이 가능한 가수 출신들이다. 자신의 역량과 결단만으로 후배 가수들을 키우고 육성하는 카리스마적 경영이 가능했던 배경이 여기에 있다. 반면 매니저 출신들은 일류 작곡가에게 곡을 받으러 쫓아다녀야 한다. 작곡가를 스카우트하거나 회사에서 키운다고 해도 톱클래스로 성장하면 자기 회사를 차려 독립하거나 경쟁사로 이동하기 일쑤다. 가수나 작곡가 출신 기획사들에 비해 태생적으로 불리할 수밖에 없다. 주방장을 고용하는 음식점보다 주인이 직접 메인 요리를 책임지는 음식점들이 성공 확률과 대를 이어 영업하는 비율이 더 높은 것과 마찬가지다. 대신에 이들의 사고방식은 가수 출신의 오너들보다 훨씬 유연하고 위기 상황에 대한 대처가 빠르다. 가수를 움직이기에 가요계의 속사정에 더 훤한 면도 있다.

SM, JYP와는 달리 YG의 양현석은 가수 출신이지만 독특한 이력을 지니고 있다. 서태지와 아이들 시절부터 안무와 패션 등 각종 기획에 참여하면서 프로듀서와 매니저로서의 경험을 함께 쌓았다. 곡을 만드는 것은 서태지의 몫이었다. 양현석은 이주노와 함께 아이들이란 이름으로 서태지 뒤에 가려져 있었을 뿐이다. 대중은 그를 타고난 춤꾼으로 기억했지만 속사정은 달랐다. 양현석은 서태지와 아이들의 콘셉트와 이미지를 만들고 팀워크를 유지하는 등 숨은 조력자로서 큰 공을 세웠다. 이때 키운 감각과 조정 능력이 훗날 YG의 불패신화를 만드는 데 밑거름이 됐음은 물론이다. 힘들고 고되었을지라도 당시의 수련은 그에게 가수 출신 오너와 매니저 출신 오너 기획사의 장점을 두루 섭렵할 기회를 제공했다. 이처럼 타고난 재능에 포기할 줄 모르는 노력을 더해서 '양군' 양현석이 '양싸(양 사장)' 양현석을 거쳐 오늘의 거대 엔터테인먼트 그룹 YG의 양현석 회장으로 거듭난 것이다.

YG는 1990년대 중반 킵식스를 처음 내놓았다가 쓰디쓴 실패를 맛봤다. 양현석 회장이 회고하는 거의 유일한 실패 사례다. 자본과 경험, 그리고 자원(가수)이 턱없이 부족했지만 그는 좌절하지 않았다. 지누션이라는 비장의 카드를 함께 준비해놓은 덕분이다. 사실 양현석은 이 시점에서 자신의 음악 기호를 100퍼센트 반영시킨 킵식스보다는 대중의 교감에도 신경 쓴 지누션의 성공을 확신했던 것으로 보인다. 킵식스로 연습하고 지누션으로 거둬들인다. 어찌 보면 이후 돌다리도 두들겨 보고 건너는 YG의 스타일은 여기서 비롯된 것인지도 모른다.

지누션에 이어 휘성, 빅마마, 세븐 등을 차례로 성공시킨 YG는 개성 강한 중급 기획사로서 자리를 잡았다. 여기까지 YG의 1단계 성장기라고 할 수 있는데, 이때 준비한 비장의 카드가 빅뱅이다. 기존의 아이돌 그룹과는 완전히 차별화된 YG 스타일의 힙합 아이돌 빅뱅은 말 그대로 대박을 쳤다. 그럼에도 YG는 거대 기획사로 불리기에는 거리가 있었다. 아직까지는 회전율이 낮았기 때문이다.

실패가 없는 대신에 나오는 가수도 적고, 앨범 발표는 가뭄에 콩 나듯 한다는 것이 당시 가요계에서 YG를 바라보는 시각이었다. 막강한 경쟁자가 속에 칼을 갈고 있으리라고는 꿈에도 생각지 못했을 터다. 많은 아티스트를 보유해 끊임없이 음원시장과 방송을 두들기는 대형 기획사들은 높은 회전율로 실패를 보상받는 시스템에 길들여져 있었다. YG는 달랐다. 원샷 원킬의 스나이퍼 방식을 택했다. "YG 자체적으로 완벽하다고 인정되지 않는 콘텐츠를 외부에 내놓을 수는 없다"라는 양현석 회장의 소신은 지금도 YG 패밀리가 모두 공유하고 있다.

바비인형 스타일의 섹시하고 예쁜 소녀들이 일색이던 걸그룹 시장에 4인4색 투애니원을 데뷔시킨 것도 YG만의 뚝심이다. 빅뱅에 묻어가는 것 아니냐는 일부의 비아냥거림을 비웃듯이 투애니원은 실력을 갖춘 개성파 걸그룹으로 자리매김했다. 예뻐야 먹힌다는 기존의 걸그룹 성공 방정식을 통렬히 깨버리는 회심의 일타였다.

YG는 다르다

빅뱅과 투애니원, 두 남녀 아이돌 그룹의 성공으로 드디어 YG는 부와 명성이라는 실탄을 갖췄다. 회전율을 높일 절호의 기회를 맞이하기 시작한 것이다. 양현석 회장과 오랫동안 친형제처럼 지냈던 싸이가 제 발로 걸어 들어왔고, 타진요 파동으로 은둔하다시피 했던 타블로의 에픽하이도 합류했다. 기존 인재를 스카우트함과 동시에 YG는 빅뱅, 투애니원의 2단계 성장기를 거치면서 특유의 영재 발굴 시스템을 가동시켰다. 위너와 아이콘, 신인 걸그룹 후보 등으로 발전하는 다수의 연습생들이 이때부터 YG 사옥 내부의 한 스튜디오에서 밤낮없이 훈련을 거듭하고 있다.

싸이의 〈강남 스타일〉은 결코 우연히 터진 게 아니다. 대한민국 B급 정서의 대변인으로 유명한 싸이가 우리말로 노래하고 우스꽝스런 안무를 선보인 〈강남 스타일〉이 2012년 빌보드 차트 2위에 오르는 등 지구촌을 말춤 열기로 뒤덮은 건 2단계 성장기 동안 주력했던 YG의 세계화 전략의 결실이다. YG는 국내 방송사들의 가요 프로그램이나 예능 프로그램 출연에 목매지 않고 일찍부터 유튜브 등 글로벌 SNS를 통해 자사 콘텐츠를 널리 소개하는 방식을 택했다. 뮤직비디오 촬영에 수억 원씩 거액을 투자하고, 한 앨범에서 3타이틀 3뮤직비디오라는 파격적 마케팅 방식을 도입한 것도 글로벌 SNS 공략에 중점을 둔 까닭이었다.

또 YG식 자체 서바이벌 오디션은 지상파 방송사들의 그것을 능가하는 초대형 이벤트로 자리매김했다. 일개 기획사의 오디션이 각 방송사 심야 시간 주력 프로그램들의 시청률에 견줄 정도로 인기를 누

Epilogue • 기존의 성공 방정식을 무너뜨린 YG의 도전 본능

린 것은 향후 엔터테인먼트 업계의 권력 패러다임 변화까지 점치게 하는 대목이다.

2014년은 단연코 'YG의 해'였다고 해도 과언이 아니다. YG는 그해 가을까지 일곱 차례나 음원(앨범)을 발표한 소속 아티스트들 모두가 온라인 차트 1위를 휩쓰는 기염을 토했다. 기성 가수와 신인의 구분도 없이 연속 홈런을 기록한 것이다. 세계 대중음악계를 통틀어도 유례를 찾아보기 힘들 성적이다. 회전율이 낮은 기획사라는 가요계의 비아냥거림은 이제 "YG를 피해 갈 구멍이 안 보인다"라는 원성으로 바뀌었다. 2013년에도 YG는 차트 1위는 물론이고, 순위 지붕 뚫기와 전곡 줄 세우기 등 진기록을 양산했기에 두려움이 더했다.

일단 투애니원의 컴백이 물꼬를 텄다. 예상대로 차트 올킬의 돌풍을 일으키며 성공적인 컴백을 알렸다. 이어 신인 악동뮤지션, 태양의 솔로, 보이그룹 위너, 다시 악동뮤지션의 디지털 싱글, 괴물 신인 이하이와 악동뮤지션의 이수현이 듀오를 이룬 하이수현, 그리고 지디×태양이 차례로 차트를 강타했다. 완벽을 기하느라 가수들의 회전율이 낮기는커녕 차륜전법을 연상시키는 물량 공세가 이어졌다. 신인 가수와 선배 가수, 완전체와 유닛, 새로운 조합의 다채로운 YG 파노라마가 1년 내내 계속된 것이다.

돌다리도 두드려 보고 건너는 YG의 방식이 달라진 걸까? 천만의 말씀이다. 지난 10여 년 동안 YG는 특급 작곡가와 안무가, 프로듀서 등 우수한 인재를 두텁게 축적했다. 안정된 경영으로 쌓아놓은 자금도 충분했다. 이렇듯 풍부한 실탄을 바탕으로 신인의 데뷔와 기존 가수들의 컴백 작업들을 YG식으로 완벽하게 이뤄냈기에 불패신화의 근간을 마련할 수 있었던 것이다.

예전에는 양현석 회장 혼자서 북 치고 장구 치며 진두지휘를 했던 작업들이 이제는 YG라는 거대 조직의, 윤활유를 듬뿍 먹은 톱니바퀴 속에서 돌아가는 구조가 완성된 것이다. 2014년 YG는 100퍼센트 성공을 거두면서 독창적인 음악성과 라인업 타이밍 전략 모두에서 괄목할 만한 능력을 재확인시켰다.

가요 기획사의 틀을 깨고 종합 엔터테인먼트 그룹으로 다시 태어난 것도 2014년이다. 배우 매니지먼트 참여를 시작으로 패션, 코스메틱에 이어 광고제작 및 광고대행업체까지 인수했다. 이에 양민석 대표는 "음악사업 외 분야에서 좀 더 조직적이고 체계적으로 신규 사업에 진출하기 위해 휘닉스홀딩스를 인수하기로 결정했다. 보다 효과적인 신규 비즈니스를 통해 본사의 음악사업 등 문화 콘텐츠 관련 사업과의 시너지를 극대화할 예정이다"라며 인수 배경을 설명했다. 이 책이 나온 이후도 YG의 공격적인 M&A는 물밑에서 활기차게 이뤄지고 있을 가능성이 높다.

국내 3대 기획사라는 타이틀에서 벗어나 세계무대를 향해 도약하고 있는 YG. 그 동력은 멈추지 않는 도전 본능에 있다. YG는 언제나 현재의 성공에, 현재의 자리에 머물지 않았다. 언제나 새로운 길을 찾아 또 다른 도전에 나섰다. 그것이 YG의 방식이고 습성이다. 도전을 즐기고 과감히 미치는 본능이 있는 한 YG의 꿈으로 향한 질주는 멈추지 않을 것이다.

15th Anniv. YG

MILY CONCERT

YG는 다르다

도전은 본능이다, 창조는 놀이다, 과감하게 미쳐라

초판 1쇄 발행 2015년 4월 1일
초판 2쇄 발행 2015년 4월 3일

지은이   손남원
펴낸이   문태진
책임편집 김혜연
편집진행 이희산
디자인   엔드디자인
사진제공 YG엔터테인먼트 • OSEN

마케팅   한정덕 윤현성 장진항 장철용
홍보   조은빛 강유정
경영지원 박미경

펴낸곳   (주)인플루엔셜
출판등록 2012년 5월 18일 제300-2012-1043호
주소   (110-888) 서울특별시 종로구 종로19(종로1가, 르메이에르 종로타운) B동 1025호
대표전화 02)720-1042
전자우편 books@influential.co.kr

ISBN 978-89-969913-6-6 03320

인플루엔셜은 세상에 영향력 있는 지식을 전달하고자 합니다.
이에 동참을 원하는 독자 여러분의 참신한 아이디어와 원고를 기다리고 있습니다.
한 권의 책으로 완성될 수 있는 기획과 원고가 있으신 분들은 연락처와 함께
books@influential.co.kr로 보내주세요. 지식을 더하는 일에 함께하겠습니다.

당신의 가치관을 뒤흔들 새로운 고전의 탄생!

. . .

왜 당신은 변하지 않는가?
왜 당신은 열등감을 극복하지 못하는가?
왜 당신은 타인의 인생을 사는가?
왜 당신은 지금 행복을 느끼지 못하는가?

. . .

**알려지지 않은 심리학 제3의 거장 '아들러'
그의 사상이 일상의 언어로 다시 태어나 우리의 고민에 답하다**

기시미 이치로·고가 후미타케 지음 | 전경아 옮김 | 김정운 감수 | 332쪽 | 14,900원

**아들러 열풍을 몰고 온 화제의 책!
출간 즉시 인문/심리, 자기계발 분야 1위!
출간 16주 만에 20만 부 돌파!
KBS 1TV 〈TV, 책을 보다〉 선정 도서!**

10만 독자의 인생을 바꾼 책!

**나약하고 수줍은 한 소녀가 세기의 발레리나가 되기까지,
국립발레단 단장으로 돌아온 강수진의 특별한 인생수업!**

강수진 지음 | 328쪽 | 올컬러 | 14,000원

· · ·

나는 발레를 시작한 후 지난 30년 이상을 시한부 인생으로 살아왔다.
내일은 없다는 생각으로 맞이했고, 절실하게 맞이한 오늘은 100퍼센트 살아냈다.
열정이 있다면, 혼자 있어도 혼자 있는 게 아니다.
늦더라도, 내 갈 길을 가는 것이 중요하다.

– 본문 중에서

· · ·

**2013
교보문고, 예스24
베스트셀러**

**2013
국방부
선정도서**

**tvN
〈스타특강쇼〉
최고의 강의**

**이어령,
김난도
강력 추천**